寧波歷史文獻叢書

寧波歷代專志選刊（二）

【一】

寧波市人民政府地方志辦公室　整理

寧波出版社

寧波地方歷史文獻整理專家指導委員會成員

傅璇琮　清華大學中文系教授
　　　　中國古典文獻研究中心主任
　　　　原國務院古籍整理出版規劃小組秘書長、副組長
　　　　中華書局原總編輯

鄒逸麟　復旦大學首席教授

徐季子　寧波市政協原主席

包偉民　中國人民大學歷史學院教授
　　　　唐宋史研究中心主任

鄭利華　復旦大學古籍整理研究所教授
　　　　中國古代文學研究中心副主任

寧波市人民政府地方志辦公室

編　審　姚曉東

副編審　傅　曉　樊孟軍　傅建閩　邵建鳴

主　編　姚曉東

副主編　樊孟軍

執　行　高曙明

編　輯　樊建懷　翟恒奎　孟俊權　楊海紅　毛慧敏

影印説明

本書爲《寧波歷史文獻叢書》第六輯，全書分爲四册。

第一册：《四明山志》，黄宗羲撰，原二册九卷，底本爲中國國家圖書館藏清康熙四十年(1701)刻本。《招寶山志》，陳景沛撰，周道遵編，原四册二卷，底本爲中國國家圖書館藏清道光二十六年(1846)木活字本。

第二册：《甬上水利志》，周道遵撰，原二册六卷，底本爲中國國家圖書館藏清道光二十八年(1848)木活字本。《浙江全省輿圖并水陸道里記·寧波府》，宗源瀚纂，原二册不分卷(總二十册)，底本爲中國國家圖書館藏清光緒二十年(1894)石印本。

第三册：《杜白二湖全書》，王相能輯，原一册不分卷，底本爲中國國家圖書館藏清嘉慶、道光間刻本。《續刻杜白二湖全書》，葉瀚編，楊振驥纂，原一册不分卷，底本爲慈溪童銀舫藏民國鉛印本。《牟山湖志》，劉福生撰，原一册不分卷，底本爲寧波市圖書館藏清光緒二十五年(1899)刻本。《東錢湖志》，王榮商總纂，陸澍咸、戴彦等編輯，原五册四卷，底本爲寧波市圖書館藏民國五年(1916)刻本。

第四册：《寧郡城河丈尺圖志》，宗源瀚等纂，原四册(總)二卷，底本爲中國國家圖書館藏清光緒七年(1881)刻本。《竹洲文獻》，楊貽誠編，原一册二卷，底本爲寧波市圖書館藏民國二十五年(1936)刻本。《郡城浚河徵信録》，宗源瀚等纂，原四册(總)五卷，底本爲中國國家圖書館藏清光緒七年(1881)刻本。《寧郡河工局徵信録》，寧郡河工局編，原一册不分卷，底本爲寧波市圖書館藏清咸豐六年(1856)刻本。《寧郡巡防局徵信録》，寧郡巡防局編，原一册不分卷，底本爲寧波市圖書館藏清光緒二十九年(1903)石印本。

目録

姚江黃梨洲先生著

四明山志

抑抑堂梓

本書選用中國國家圖書館藏本影印

三本一函一元四角

四明山志序

自予有知識卽慕浙東餘姚有黃太沖先生顧時值桑滄之交先生遯跡空山名可得聞不可得見也逮晚年
今上有遺獻之徵私喜謂必當得聆謦欬共周旋於金馬玉堂間而先生又以年老力辭幸嗣君主一代佐明史事於徐相國之邸時相過從因細悉先生之起居獲讀先生之著述夙昔之懷於焉少慰今先生之逝世已八年予老屏荒郵主一過我持先生所著四明山志屬予序之余惟先生年未二十卽能衝讐胷於殿陛以大白其父冤旣焉而爲南國之黨魁乘桴之從者其秉心具質固經世豪傑之才也予嘗讀所著待訪錄深歎先生之弘濟經綸的的

可大造於寰宇是豈屑與桑經酈註爭長黃池者哉迨占爻蠱上乃一往沉酣於典籍之中無學之不精無術之不討而又以其暇餘不惜籐杖搜索及夫一流一石而標飾之非先生志也然先生家居黃竹浦正當四明山之北盡處清淑之氣於此盤礴而扶輿者也夫明山清淑之氣萃聚數千載鍾秀於忠端公與先生父子兩人此柳子所謂地得其人則山若增而高水若闢而廣第向非先生甘息機於盛世而設見用於當時則茲山之名蹟清言未免終歸於銷沉漏奪無由著顯惟以先生之抑鬱始有以發山岳之光華余既爲先生惜又未嘗不爲茲山幸也至於是志久藏篋衍先生之姪仲簡刻之其人有足嘉者

康熙癸未上元日嘉禾竹垞朱彝尊書

頤烟唐欖昭泮三氏聯名

大漢遺民金釗畫款

四明山初總屬於天台自晉謝遺塵啓四明山九題之目唐陸魯望皮襲美有依題倡和之詩而道藏又稱晉木玄虛撰丹山圖詠賀監注之於是四明山遂鄙割二百八十峯與台宕鼎峙爲東南名山之冠顧四明之靈蹟甚饒而獨所謂九題者按詩尋之往往多不得其處所以宋施宿云謝遺塵所稱及皮陸諸詩世雖競傳之今問四明山中居人乃不知異境果安在蓋疑與華山之華陽武陵之桃源皆神仙境可聞而不可卽者也逮後沈明臣戴洵輩又誤以他地實之其失愈遠姚江黎洲黃先生嘗於昔時不憚繭足極詣窮探凡羽流衲子之隱栖猿狖木客之穴窟罔有隙地不霑杖痕始識所謂九題者當時陸皮實未嘗

身至亦如宋之瑞所云孫輿公之賦天台未經親歷徒憑馳神想像辭雖富而事不核也先生於四明山旣躬自徧經遂以目擊所得考正前譌而又博采聞人騷士之題詠殘碑斷刻之遺文表名蹟於銷沈揚清言於漏奪而成四明山志九卷誠爲斯山補自來之闕如也久藏篋衍未克播世先生之族子仲簡刻之吳門嗣子主一乞余言爲序稽昔天台赤城山無志南宋時尤公袤唐公仲友李公兼黃公嵤四人俱以碩德名儒相繼爲郡守謀作赤城志各釐其力經二十年而不克成至齊公碩爲郡延請陳篔簹耆卿始克成之甚矣創舉之難也先生以間世鉅儒海内仰其鴻文

天子徵其著作則此志更非篔簹之赤城可擬而且所謂四明石窗者又在屬縣餘姚大俞地余忝涖是郡卽從無是志亦當如南宋尤唐諸公思創所未有況現前已有成書而又出自先生之手使余得不勞而快讀焉固余之所甚樂者也茲主一之請寧可以不文辭故質意書之如此時康熙辛巳歲端午日長洲宋定業書於興龍山郡署文鑑堂

域內名山自職方岳鎮以及二氏所託處莫不有志然其書有傳有不傳或傳焉而不若不傳之爲愈者其說有二焉一則人非宿望筆力膚庸如莊田文帳都無意味其失也俗一則紀載徒博跋履不親如癡人說夢耳食難憑其失也誣而望垂之無窮蓋其難也四明山近接稽剡遠連台宕仙靈之所出沒古名人高士之所遊歷遠而望之積翠亘天浙河以東一大奧區也志寧可或已然從古無志創之實自遺獻黃先生余承甬上司馬乏見斯志之刻成捧觀再三不覺失喜噫嘻微斯人其可以志斯山哉夫以先生之道高穹壤學貫今古發爲文章爭光星日今出其緒餘以表章名勝宜乎涉筆成趣足爲山靈生色不類於

膚俗淺陋之爲已又世居姚江鳳隱日久經歷於林巒煙靄麋鹿猿鳥之叢者實徧且熟其考覈最詳其辯駁最確所謂二百八十峰峰峰有屐痕者誠爲實錄非憑陳篋空言影響從事者比吾意皮陸有知見之必且爽然自失第曰傳焉已乎憶在曩年先生過余天都巾笥中攜有丹山圖詠及九題考其所附九詩余曾次韻奉和以爲他日得追隨笻屐可以互相印證豈在莅其地者五年竟以遭逢剌促鮮有暇晷先生又早歸道山未獲效康樂優游一覩茲山面目良爲恨事雖然先生往矣先生之著作不與俱往今且垂諸梨棗公於天下見斯志不如見先生耶按先生自序謂創稿自壬午歲下距今康熙四十一年壬午恰

是甲子一周中間閱歷滄桑不致煨燼者幾矣而先生之次公主一能善保手澤以至於今卒得壽世不泯豈亦非斯文之一幸乎藏之名山傳之其人斯志有焉高山仰止景行行止刻斯志者有焉余葢樂得而觀其成也敬贅數言如此遼海後學靳治荊敬題

四明/六　　書目

二

崇禎壬午年吾遺獻伯兄與晦木二兄澤望三兄偕遊四明山閱月始返伯兄成四明山志九卷藏於家自來名山多有志獨四明闕如遂使名蹟消沈清言漏奪伯兄此志所以補前闕也顧諸志多出凡手而伯兄以起衰之筆爲之諸志多因襲故紙未嘗身歷承譌踵謬而伯兄青藜芒屩無深不探凡志中所考正前譌者不可勝數郎如皮陸以四明爲四面開窗若非伯兄親覽改定則千載以來之謬傳何從使人知四窗之在一面乎是四明爲東南諸山之冠而此志又爲天下諸志之冠也主一克承家學志切父書嘗以此志未刻爲憂余曰無庸也古來書刻而不傳者何限吾嘗冷觀當世人擅作家新書紛出錦匱牙籤輝

煌鄞架平情而談其可傳者有幾蓋以今日赫奕勢利之長鞭不能及後世之馬腹也若此志之光氣燭天則雖沈之智井後人必有發而布之者何以刻不刻爲慮乎主一曰雖然待傳於後究不若目覩之爲快也仲簡聞之慨然任剞劂焉仲簡名炳吾宗姪行也遷居雲間三世不相聞者百年矣仲簡不勝水源木本之思屢以年老隻身遠來竹浦徘徊故土見宗祠之頹敗捐貲助脩復買田以永蒸嘗支宗之貧乏者周恤之吾黃氏先世八人有詩文遺逸伯兄窮搜殘失彙爲數卷仲簡刻之一本之念可謂篤矣若夫四明山周回七百餘里界連八縣非吾黃氏一家之山也況仲簡久徙三吳更與兹山緣斷吾見天下有身處

富貴而漠然於故鄉者有之仲簡以一布衣勞老儘可無
與兹山事而汲汲於此志之是刻何哉康熙辛巳年某月
受業弟宗裔書

四明山志序

余家四明山在北面七十峰之下所謂翠竭也顧入山中之路有三自横溪而入踰高地嶺則爲白水山自三溪口而入踰淸賢嶺亦白水也自藍溪三峰而入經大小皎上大蘭山則爲仗錫度黃官鶉鴣二嶺則爲雪竇蓋少者五十里多者亦不過八十里窮日之力皆可至而吾鄉之人閒談四明之泉石未嘗不如嵩華之不相及也況於來遊者雲煙過眼曾能得其彷彿乎余往來山中嘗有詩云二百八十峰峰有屐痕因以足之所歷與記傳文集相勘每牴牾失實昔蘇子瞻夜登黃樓觀王定國諸公登桓山吹笛飲酒乘月而歸以爲太白死三百年無此樂矣嘗疑

是言及觀爲遊者之草草而後知子瞻之言非孟浪也壬午歲余作四明山志亡友陸文虎欲刻之而未果藏於牛篋鼠齧塵封癸丑歲盡逢太夫人壽日應酬輟業偶展此卷而文虎評校之朱墨如初脫手然其間凡例不齊詞不雅馴重爲改竄始得成書猶幸向者之未刻也念亡友作土中人且三十年矣相知云亡誰定吾文閣筆爲之三歎其序曰第九洞天丹山赤水其中福地重書疊紀茭湖北矗黎洲南峙大隱東面姚江之砥峰峰瀑布代代遊履峭壁題名狐貀不少志名勝第一 洛陽伽藍建康僧寺一一記之泉石鼓吹奈何後來梵刹有志機緣偈頌何與吾事鄮穢連疆山容減翠是用汰去但存名字志伽藍第二玄

聖遊化靈仙窟宅興公之言不容彈射所以劉樊紛然載
籍石髓未凝靈草可摘仙宮神治遲汝朝夕塵土活埋豈
不可惜志靈蹟第三唐之皮陸發爲九題明山故事亦云
在茲推尋詩跡常致參差彼作詩者未歷嶔崎因人之言
彷彿塡詞吾明其故遺塵宛而志九題考第四四明山圖
傳自祠宇圖亡詠存四面裂土各七十峰五峰中主掩靄
風雲玲瓏門戶牽連之下不少粗鹵吾圖歷然峰峰可數
志丹山圖詠第五元有道士名居石田折骨窮山垂四十
年文人皆曰地勝人賢清詞妙句貢其林泉一時文士亦
賴以傳志石田山房詩第六四明之詩始孔稚圭唐宋以
後數不可枚猿鳥奔命泉石告哀無使陳言山靈見猜志

詩括第七敗刹殘碑逸人墜簡捃拾無人亡者何限忽然遇之可證譌舛乃知奇地即在經眼志文括第八單詞碎事四明干涉錯出簡編如埽落葉隨得隨收次序不接志撮殘第九甲寅歲花朝菱湖魚澄洞主黃宗羲書

四明山志目錄

四明山志卷一

遺獻黃宗羲輯

古吳後學周　靖　訂

姪　炳

男　百家　仝校

名勝

餘姚南有山二百八十峰西連上虞東合慈谿南接天台北包翠竭中峰最高上有四穴若開戶牖以通日月之光故號四明司馬紫微曰第九四明山洞名曰丹山赤水天眞人刁道林治之其初總名天台山故孔靈符會稽記曰天台山舊居五縣之餘地五縣者餘姚鄞剡台寧也梅福記曰四明山周圍八百餘里後割天台而別爲四明則天

台與餘姚縣隔四明之周圍亦止一百八十里矣一名鬼藏山李思聰洞淵集曰秦時驅山塞海鬼神勞役奔入四明不出因名鬼藏山一名勾餘山山海經曰勾餘之山無草木多金玉郭璞注今在會稽餘姚縣南勾章縣北二縣因此爲名晉地理志曰餘姚有勾餘山在南至唐書地理志則易以四明山今二縣相界別無勾餘晉唐之志二名亦不並列固知爲一山矣王應麟七觀曰東有山曰勾餘實維四明是也但今山於餘姚勾章皆在南而郭云勾章北者指當時故城而言也

元危素銘曰越山之峰石穴玲瓏天欲雨浮雲蒙眞人上升遺木履潺湲古洞聞流水白鶴徘徊旍蓋戾止玉

童采得青穤子子能食之可不死史素作銘式告千祺

仗錫山　有方石高十丈闊一丈危舉道旁磨崖刻四明山心四大字乃漢隸也謂之屏風巖或訛其聲爲鶱鳳北去一里爲仗錫寺寺內有井昔之龍池也稍東爲西嶺石橋跨澗上巨石數仞出其上刻曰過雲唐謝遺塵言山中有雲不絕者二十里民家雲之南北每相從謂之過雲蓋自仗錫至雪竇數十里皆謂之過雲不止二十里也自仗錫而北謂之雲北自雪竇而南謂之雲南西嶺乃南之始北之終故鐫於此巨石塞澗高數仞瀑分六道而下愚齋戴洵名之曰六龍泉巨石三級級高數十尺刻曰三峽又有巨石數仞一隙可通往來上有題刻大字曰再來石小

字則心經也宋僧修己嘗悟前生誦心經此石下俗呼爲小四窓山頂有佛手巖中峰巖俱有刻字漶滅不可讀其曰中峰者五峰相次謂之芙蓉仗錫在五峰之中也西嶺之下爲阜莢塢漢劉綱從阜莢樹上飛舉此名塢之由然剛之升仙在大蘭山塢去大蘭不遠是其相屬未必當年故處也西嶺之内有石刻潺湲洞三字者潺湲洞今之白水宮是也此爲妄刻

明王守仁仗錫道中詩山鳥歡呼欲問名山花含笑似相迎風回碧樹秋聲早雨過丹巖夕照明雪嶺插天開玉帳雲溪環碧抱金城懸燈夜宿茅堂靜洞鶴林僧相對淸又每逢佳處問山名風景依稀過眼生歸霧忽連

千嶂暝夕陽偏放一溪晴晚投巖寺依雲宿靜愛楓林
送雨聲夜久披衣還起坐不禁風月照人清
徐愛詩飛錫開山舊有名林深草合路今生巖溪萬疊
盡圍寺雷雨一番初放晴石溜泠泠侵夜枕風蟬歷歷
動秋聲夢魂迴與塵寰隔煑茗焚香僧亦清
徐學詩仗錫石橋詩遊興年來不憚高芒鞋踏樹復攀
條危梁架甃泉如瀑古木號風秋未凋往處姓名惟爾
汝隨身行李只簞瓢此行小試登山脚欲向羅浮訪鐵
橋
龍池徐學詩云白雲深護萬峰尖磵甃陰森不受炎靈
沼苔荒畱古刹清泉竹澑映疎簾千年神物歸何地此

日僧家甃近檐俯首淵然空悵望固知能躍亦能潛

再來石 戴洵詩見說三生夙有靈再來太白尚畱名往還自得阿羅果安忍祇憑般若經百劫屢更眞不壞一塵淨洗絕無生年年獨向巖中聽恍惚如聞禮誦聲

過雲 陸龜蒙皮日休詩別見九題考 明沈明臣詩縹緲路常封時時春氣濃看衣疑帶雨到寺只聞鐘不見高秋月難把白日峰探虛吾欲老來往藉孤筇

障龍巖 中有石穴爲龍所藏

殺羊巖 赤壁數里與溪流相映相傳仙人刲羊血漬爲此然根於鴻致是丹山赤水之證也

寒草巖 俗訛爲韓采巖而別出寒草巖於東面非也巖

石嶔崟臨溪溪闊數十丈左爲寒草洞初傴而入徐可仰
覘右爲釣臺
元鐵充之詩寒草巖前春色稀桃花無數映清溪吾行
已到仙家窟不比漁人此路迷
石窻　土名大俞從此而上鳥道萬丈度索空行山南有
石室高五尺深倍之廣如深而六之中界三石分一室而
爲四其謂之窻者俯臨無際自下望之猶樓之有窻也謝
遺塵云有峰最高四穴在峰上每天地澄霽望之如牖戸
相傳謂之石窻即四明之目也危素云中峰最高上有四
穴若開戸牖以通日月之光皆是也謝康樂山居賦注四
明方石四面自然開窻窻固有四總在一面以四窻爲四

面康樂亦據傳聞未嘗親見耳明戴洵作石窗辨一言其險遠名山靈岫豈以險易分優劣乎二言余行天下見此甚多何足云奇然石室雖多而無所附麗穴壁以入則石窗之奇也三言去仗錫半里一峰絕高四面羣山環如城郭中間更無遮隔可稱四明正以四望通徹如窗故也夫大俞仗錫皆當明山之中東西南北各有七十峰故二地山頂登之四望而面面如城堞者莫不皆然何獨仗錫一峰乎就令如窗又何取於石原洵之意以大俞分隸餘姚不欲使四明主山爲他邑所有移之入鄞亦愚公之願力也昔劉晨阮肇遇仙女於此是時此山但名天台故云劉阮入天台其後分之爲四明則以此事歸之天台而石窗

之蹟無有知之者矣
唐劉長卿詩四明山絕奇自古說登陸蒼崖倚天立覆石如覆屋玲瓏開戸牖落落明四目箕星分南野有斗挂檐北日月居東西朝昏互出沒我來遊其間寄傲巾半幅白雲本無心悠然伴幽獨對此脫塵鞅頓忘榮與辱能笑天地寬仙風吹佩玉
明張瓚詩七十峰巒起碧空巍然石頂四窓通光分日月玲瓏處氣吐煙雲遠近中西控稽山低莽蒼東臨蓬海接鴻濛自從劉阮遊仙後溪上桃花幾度紅
唐之淳詩會稽東南秀四明名更佳蜿蜒三百里慘澹青蓮花伊昔天地初山川始萌芽六丁運神斧斲削如

人家四牖遺古制玲瓏吐雲霞側聞劉樊徒於此鍊丹砂耕煙種靑穭結實大於瓜揮手謝衆士身登鳳皇車至今石窓底靑天守龍蛇玉女四五人綠髮垂鬖髿時來聽潺湲意態靜不譁我夜闖其傍月黑星如麻顧慙無靈氣悵望空咨嗟

大蘭山　漢劉綱樊夫人棄官學道師事白公道成而飛舉於此故又名昇仙山其遺履墮地化爲臥虎故又名伏虎山山頂平廣可以走馬則伏虎者其形似後人因而傳會之山多靑石剖之皆有七竅故又名孔石其樊榭則樊夫人之所立也升仙之後後人即其地建祠宇以祀之齊孔祐隱居此山嘗見谷中有錢數斛視之不異瓦石有鹿

中矢來投於祐祐養其創愈而去因建鹿亭於祠宇之側陳永定中有敕建觀遂改祠宇爲觀樊榭鹿亭皆在大蘭山自唐陸[redacted]皮[redacted]分[redacted]詠[redacted]疑若兩地有言樊榭在梨洲者皆非也咸通元年六月剡賊裘甫伏誅其餘黨劉從簡率壯士五百奔至大蘭山據險自守踰月始去今俗呼爲走馬岡者豈其因於此與

宋謝翱樊夫人上升詞石蠔粘窓秋見海山雞夜啼弄花彩王孫吹笙導夫人青髮淩風素霞在雨塵離地白浩浩河西種星榆樹老海桑童童日出歸衣濕上池洗頭草

明沈明臣詩仙人劉伯常銅墨棄如屣秉心事白君吐

納投玄理鍊石青霞區餐髓丹峰裏夫婦獲祕術魚獺相嬉戲升仙謝喬枝墮虎乃故履事閟千秋往炯迹垂外紀山遐白日曠蚪蜺駕誰駐吾謠白雲章馮風一相寄

樊榭詩雲翅有遺榭言寄五霞中五霞絢天地照耀金銀宮日月飄佩纕步搖鳴天風虹蜺作高梁白榆樹前墉粲粲啓玉齒言笑陪仙翁豈邀萼綠華相往遨崆峒或引董雙成騎鳳淩八鴻願言蛻凡骨下汝以相從颯然回風至盼睞空濛濛

鹿亭詩孔祐今何處空山有鹿亭路生迷宿草天遠落寒星春雨茸茸綠煙峰漠漠青放麛嗟往事深竹故啼

猩

奔牛隴　西面七十峯總名連餘姚上虞二境自太平山發源出爲姚江江東之山皆謂之四明也

伏黿山　其山狀如雞子有三朶五朶峯出沒煙靄中今三朶餘姚志譌作三孕又無地以實之蓋卽羊額嶺上之三台峯也有石室傳爲漢張平子所居道書言其割木此山有板木三五堆作紫金色常有雲霞覆之其後張充拾得五寸至會稽太守處削作蝴蝶便衝天飛去此可留爲談助不必核其虛實也五朶卽芙蓉峯

白水山　飛瀑注壑奔揚滯沛數里之內時有霧露霑人所謂潺湲洞也初白君有仙術隱於洞側後漢下邳劉綱

爲上虞令棄官同妻樊氏雲翹從之學道亦遂居於此其後飛舉於大蘭乃建觀於飛舉之地唐天寶三年遣使禱祠病大蘭險遠敕道士崔銜處士李建移祠宇觀於潺湲洞外從劉樊之故居宋政和六年徽宗書其門牓曰丹山赤水洞天紹興中許歲度道士一人以甲乙傳次嘉熙初理宗祀會稽龍瑞宮求嗣分藏金龍玉簡明永樂十三年詔道士朱大方繪圖入覽自陳永定至永樂歷八百五十餘年而觀未嘗廢考之正嘉間之遊記觀已不復存矣約其廢日不過此數十年之中也觀之盛時有石田山房有清暉亭皆元道士毛永貞所築山之左右曰石屋曰雲根元曾堅云石屋雲根間有瀑布如懸河是也其流爲洗藥

溪亦名紫溪瀑布之上爲羊額嶺崇寧間進士孫彥溫鑿險通之神異記曰餘姚人虞洪入山采茗遇一道士牽三百青羊飲瀑布水曰吾丹丘子也山中有大茗可以相給他日甌犧之餘幸不忘也洪因立茶祠是後往往獲大茗焉此嶺之所以名羊額也其以爲天台故事者由四明之初未嘗別於天台故耳餘姚志以爲劉樊乘羊過此杜撰甚矣石壁多題名皆磨滅不可讀兒子百家辨其一寶祐乙卯暮春之杪上虞劉用父山父龍父豐德膚白雲山人郭仲休由錫雪囘丹山憩飛瀑之下分石列坐浮觴清流視永和暮春觴詠其致一也主山水施若識

危素白水觀記至治間余讀書信之龍虎山適里中朱

貞一先生同館舍其門人毛君永貞執侍左右退則過
余從容款洽既去隱餘姚山中聲迹邈不相聞後二十
有八年其徒吳國珙來京師請銘其所居四明山始詢
君無恙既敘而銘之又後一紀先生門人薛毅夫攜所
刻此圖復請書其所未備於是與君不相見者四十年
矣顧余竊祿班行汩沒塵壒聞君飄然高舉於海岸孤
絕之地志慮凝重無毛髮外求於世恆慕羨之所謂上
虞令劉綱夫婦登眞隱者孔祐化錢療鹿唐玄宗遷祠
宇陸魯望皮襲美倡和宋徽宗書洞天之牓建玉皇殿
投金龍玉簡事此敘之所及者若乃舊祠宇之所見者
有升仙山升仙木雲南雲北過雲會稽志謂謝遺塵隱

於南雷今有大雷峰圖之所未有者觀圖有三台峰雲根石屋龍湫洗藥溪潺湲洞四明郡志則云東北百三十里涌爲二百八十峰中有三十六峰東西南北各有門由餘姚言之爲西四明則敘所未書者宋虛靜天師張公之門人吳真陽學於龍虎之三華道院號曰混朴子來遊是山徽宗以丹林郎凝神殿校籍召之不起封劉綱升玄明義真君其配樊夫人封升真妙化元君丞相張魏公與吳君門人朱孔容交表爲真人孔容之後世以甲乙傳次此亦敘所未書者也君搆清暉亭於瀑布之下營石田山房以自休息在余作銘之後其賦詠留山中唐自陸皮之前有孟東野劉文房宋有謝師厚

而下若干人迨國朝黃文獻公而下若干人君又將刻而傳之按會稽志云俗謂之白水宮又云有白水觀碑蓋祠宇觀字義重複故今當稱爲白觀余得鄉貢進士番易徐勉之俘越錄越之禍亂極矣四明之山風塵不驚君優游其間甘食而安寢古所謂武陵桃源者信有之矣故爲之記使與銘并刻之君字善卿薛君字茂弘相其役者潘文信盛元朴許用和至正二十二年三月丁未朔

東明山　四明之水口有東明寺有怡愧書院宋孫一元建以爲爐溪文社黃東發方達材曾讀書於此有孝子祠祀至元石明三者也孝子母陷虎口持斧入虎穴格殺四

虎最後與一虎轉鬬人虎俱斃

姚山　在姚巷有宋孫子秀别業其蓮池久淤爲田禾苗之中雜生蓮葉探之未嘗有藕蓋數百年不絕也

孫炳炎題元實子秀字弟姚山别業詩别業依嶙峋幽居寓目新開花繁覆砌靜燕語通人野翠生窓曉林香入戸春願因長老祝持以對芳晨

明孫繼先四明山居詩機息千山靜身閒一羽輕果垂園鼠走稻穫野雞鳴地僻人無跡林幽鳥有聲自然成野趣不必問昇平

建峒嶴　有石屋有石蟹泉其山曰石井有唐學士汪亮之墓其嶺曰謝公以安石得名建峒産茶而謝公嶺尤爲

名品

白雲山　唐僧巘雲居於是山恆有白雲覆其屋上因以名山有樂安侯墓五代之孫郃也唐末爲左拾遺朱温篡位著春秋無賢人論歸隱此山

宋孫嚞酬汪將軍同遊白雲山寺詩將軍恆愛客載酒喜行遊山殿晴雲落天香靜磬浮嘉蓮豔寶水甘露降靈楸徵古一爲瑞清修思更幽

王商翁詩幽人何處住古寺白雲高向路不知遠到山方覺勞半窗看竹石一枕聽松濤我亦清幽者烹茶讀楚騷

明黃尚質詩古寺雲林迴溪流石徑斜滿籬斑竹筍半

壁紫藤花市遠難酤酒僧貧足辦茶相看坐良久襟袖起青霞○一尊野寺三年約十里溪風九月來曲徑晴沙搖白菊古碑遺篆見蒼苔天分蘿薜秋逾迥門掩松雲午未開醉臥禪堂不歸去月明有夢到蓬萊

東山　此謝文靖所居之山也今以上虞東山爲文靖所居者非蓋在上虞者謝玄之所考卜在此地者文靖之所棲遲按康樂山居賦注余祖車騎建大功淮肥江左得免橫流之禍及太傅既薨建圖已輟於是解駕東歸還神麗之所以申高棲之志經始山川實基於此若是文靖故居則車騎踵武安得復云經始耶此文靖東山不在上虞之證也高僧傳曰支遁先經餘姚塢山中住至於晚年猶還

塢中或問其意答云謝安石昔數來見輒移旬日令觸情舉目莫不興想宋樓扶曰過姚江而南郵以許稱即玄度所居里史言文靖寓居會稽與高陽許詢桑門支遁出則漁弋山水入則諷詠屬文此山與支許所居密邇與史正相符合可以證文靖之東山非異地矣且其地之清賢嶺謝公嶺無不以文靖得名舊經曰梁徵士魏道微脩道得仙於謝安山而杜光庭福地記云四明山在梨洲魏微上升處又足以證文靖東山之在四明也有石洞一石孤豎上負奇巖蟠際數畝其腹空洞中多紆曲愈入愈深若眞以薔薇爲文靖故事則此洞足當之矣李太白不到東山久薔薇幾度花此偶以金陵東山所見而言乃上虞東山於山麓小坎緣飾爲薔薇洞可笑也

宋孫子秀早春遊東山石洞詩穹石丹崖出攢峰萬壑囘古苔陰洞寂新雨緣波開渡絕移叢篠飛春泛落梅東山有夙尚且盡手中杯

明孫暉登四明花石竇詩遠意忽不愜孤高可奈何風烈歷境險雲黃出海多天雞應清響蝗蛭封煙蘿仙翁倘可遇看棊認斧柯

賀溪　晉賀循寓此明初倪原道安道好客名士多集其家

宋元僖賀溪卽事詩倪氏書樓北清溪曲曲流主人能好客釀酒續茶甌○前後山溪合東西戶牖開初陽晴看畫新月夕銜杯○俗客無緣到前溪隔世塵三冬曾

下榻猶憶董山人董仲載天台人深於地理○風流吳老子作畫愛梅花醉看西窓影更闌候月華吳季章姚人○滑公江海客頻到賀家溪采藥行雲際吟詩過水西滑壽字伯仁○朱老金鼇客王仙白鶴來長留詩卷在不掉酒船回朱伯言名右天台人王叔雨王熙陽括人

百雲山　有鳳鳴洞兩崖石壁裂而成洞先忠端公曰雙峽陡開峭壁嶙峋插天中谺然窈渺洞口可容兩人上有危石圓而頎嵌空懸覆冉冉垂墮狀瀑水由石罅直穿數十丈下其聲如崩雷駕浪人莫敢即稍稍近之大者氷雹細者雲霧波光眩目不定已復仰視之頂穿見天光如氷裂有古木大合抱扶疎穿際似荇藻凝結氷中也相傳有

眞人吹簫而下其音若鳳鳴此洞其鍊丹處也石上題名有敲開石壁曾飛飲鍊得金丹不賣錢壬戌五月丁未日滕悦顏辛刻其祠為女冠像士人於此卜夢焉

先忠端公詩誰開靈境絕人寰片片芙蓉似翠鬟天外林香雙袖裏空中仙閣萬峰間參差樹底流鐘磬滴瀝泉聲雜佩環憐我塵纓猶未解今朝疑綴上清班○余有詩云古虞十里城南路柳綻梅開到鳳鳴洞瀉流雲河漢遠山藏古廟雪霜清幾年掘藥淩峰意還媿挨肩疊足行今日讀君詩卷罷此身恍已隔三生

象田山　周五十里號小天台以象耕鳥耘為虞帝之故蹟也

明黃宗會詩杖頭已撥千峰霧入水拖泥何處去嶺頭日落黃蘆瞎老麂呼風毛欲豎嶺底溪深泥正紫中有幽人草茅住長年袖鉢垂手歸濯足溪頭弄新句天寒路凍絕無人钁頭鏗然掘枯芋我來一笑調偶同摩挲寒厓數煙樹深夜孤燈倒牛篋戛更病雁亦哀訴雄峰大刹列相望兩宗法席紛旁午子獨何爲餓窮谷笑勘諸方都不顧垂鉤豈解釣獰龍玄賞時與古人遇

釣臺山　傳爲陶弘景凡山中釣臺必有人以實之皆附會也徐學詩曰上虞直南四十里釣臺山有雙石筍臨倚山嶠參差竝峙高各數百尺其顚有異花開時爛若霞錦宋高孝二宗殂落連歲不花王十朋會稽賦所謂花含戚

者此也余生則未及見花而顛有古松挺然獨秀嚴冬大
雪殊爲可玩又有象鼻洞狀似石梁
釣臺宋華鎭詩仙客乘槎學釣翁劈波時躍錦鱗紅浮
槎不到寒江上松葉泠然自好風
石筍宋齊唐贊峨峨雙石百仞劒立下無根柢對若拱
揖若梯太山將窺金繩如架倒景遂登青冥擎捧日月
鬫拏風霆鵰鶚脅息猿猱骨驚我聞帝軒洞庭張樂建
牙植虡太音乃作抑盤古死膏川體岳遺簪墜笏挺持
磨錯史失其傳人遺萬年得非玆石遺像在焉惟岳有
神憑靈洩怒誕作忠賢畜爲雷雨若歲大旱羣氓失怙
六龍欻駕振起枯腐惟石之顛花蕚爛然攢峰翠環燒

空火鮮我宋定鼎三后陟天四海遏密萎疎不妍上御
宸極花復蕃息石乎神乎與國休戚掎松徂徠祈柏新
甫作廟奕奕俾萬民覩有稷惟馨有酒惟酤牲牡孔碩
坐奠兩廡千區萬疇禾黍油油神來雲興神去雨收滋
衣食源消凍餒憂扞我大患無貽神羞

明王守仁詩雲根奇怪起雙峰慣歷風霜幾萬冬春去
己無斑籜落雨餘唯見碧苔封不隨衆卉生枝節卻笑
緐花惹蝶蠭借使放梢成翠竹等閒應得化虯龍

象鼻洞王國禎詩瞻彼象鼻岡逶迤石稜瘦花深渾欲
舞竹動時能吼氣浮雲漢合歲古莓苔舊應自憶京華
金門佇清漏

寶蓋山　釣臺之北唐僧乾峰居此山有祥雲之异因以名之

太岳山　晉末帛道猷所居初入山時乘青牛而至故溪名隱牛標其足迹高僧傳但言猷居若邪山不言太岳山豈是時凡會稽之山皆可以若邪槩之邪

江公亮詩亂山深處有招提古木層陰白晝迷好是道人巖畔月夜深淸照隱牛溪

太平山　跨餘姚上虞二境孔靈符會稽記曰餘姚江源出太平山隨潮至浹江口入海東連四明南接天台孔皐會稽記曰四角生木多種或檫或梓或櫧或樞不相揉雜三陽之辰華卉代發有鐵丹石三一方石廣數丈二圓石

類釜曰方石空起下施支石相傳吳于吉之石室吉有神
書百餘卷號曰太平青籙因此山也今誤爲葛洪晉謝敷
齊杜京產居之晉書曰謝敷字慶緒入太平山十餘年鎭
軍郗愔召爲主簿臺徵博士皆不就陶弘景太平山日門
館碑曰日門館者東霞起暉開巖引燭以爲名也先是吳
郡杜徵君聲高兩代德貫四區敎義宣流播乎數郡拓宇
太平之東結架菁山之北爰以此處幽奇別就基搆栖集
有道多歷年所今亦有稱日門山者因於館名也華陽本
起錄曰陶弘景於永明庚午年東行浙越處處尋求靈异
到餘姚太平山謁居士杜京產此其作碑之時也元末劉
履避地此山補注選詩

晉孫綽銘嵬峨太平峻踰華霍秀嶺樊綺奇峰挺崿上干翠霞下籠丹壑有士冥遊默往寄託肅形枯林映心幽漠亦既覯止渙焉融滯懸棟翠微飛宇雲際重巒蹇產回溪縈帶被以青松灑以素瀨流風停芳祥雲停靄

齊孔稚圭遊太平山詩逸訪追幽蹤尋奇赴遠轍制芰度飛泉援蘿上危岊萬壑左右奔千峰表裏絕曲棧臨風聽皷檐倚雲穴石險天貌分林交日容皴陰澗落春榮寒巖留夏雪昔聞尚平心今見幽人節志入青松高情投白雲潔泛酒乘月還閒談迨霞滅接賞聊淹留方今桂枝發

菁山　謝康樂山居賦注三菁太平之北太平天台之始

日門館碑所謂結架菁山之北皆指是也當姚江導源名爲菁江歷上虞境盡始爲姚江故唐權德輿詩云越郡佳山水菁江接上虞三菁者上中下也

黮山　與太平對峙其山深僻數峰天際有三龍潭崩湍次第而下中潭之顛奇石横空激水答響妲溪出焉

宋夏庚金詩探奇來向黮山觀洞府深深風雨寒雲影有時頭角露醉眸回作畫圖看

驅羊山　南面七十峰總名狀如驅羊之勢其俯者曰蹲羊屬剩奉化二邑

棃洲山　晉孫興公與兄承公同遊於此得棃數枚人跡杳然疑爲仙眞所遺故名其地曰棃洲興公天台賦曰涉

海則有方丈蓬萊登陸則有天台四明皆玄聖之所遊化靈仙之所窟宅也是蓋身逢玄怪非虛言也杜光庭福地記曰四明山在梨洲魏道微上升處爲第五十九福地也四明旣在第九洞天之數而又列福地者此専指梨洲爲言也十道四蕃志曰劉綱與夫人升仙處故有指樊榭在梨洲者事遠難稽豈當時大蘭之稱可以統羣山乎山麓有碑云周囘八百里二百八十峰峰峰相次中頂五峰狀如蓮花近星斗亦不知何人所刻石窗之水出於梨洲其草木多異有胡桃天蓼有坡曰響石坪

元戴表元響石坪詩蒼蒞一片莓苔地隨意觸來還有聲定是戰坑餘箭戟不然琴屋貯餅罌名真過客多能

記迹古居人不敢耕孫叟有靈應索笑賦成曾此試琮琤

雪竇山　自麓至顛高可十里四山環合中有平田數百畝至者忘其爲山也左右各出一水至西南山缺處合流而爲瀑布其巖絕壁千仞故名千丈巖水至半壁有石突出隔之灑若飛雪而後復爲瀑布[redacted]亦名瀑布山宋眞宗敕曰東浙瀑布也[redacted]作飛雪亭於其上俯之以納奇觀曾子固有憑檻未窮千丈勢之句則亭之來亦久矣其後亭廢嘉靖間郡守沈愷重建寘碑刻於其中未幾又廢遊人以殘碣投之巖下其聲激射良久乃已於是碑刻柱礎亦盡有妙高臺峰頂若臺截出萬山之表下

臨無際東西約四十尺南北倍之相距爲丹小山平列如浮思西爲小晦公棠類寶龜靈廬客與於其側遠東望六詔羣峰魁壘若甃壺曲匏煙裊縷不斷闌楯之下笑語相聞而隔截在數十里外余弟晦木澤望彈石空中食頃方聞蓊然聲隆隆徧山谷間蓋自臺及谷由谷傳籟遂倍其深耳樓攻媿詩一峰高出白雲端俯瞰天涯千萬山試向闌頭轉圓石不知何日到人間非虛語也前爲藤龕故址左爲伏虎洞皆因釋知和也右復有消凡臺深廣視妙高得其半有含珠林在寺墻之前當兩澗合流處圓阜若珠松杉蓊鬱或以爲卽黃巢之墓也然巢之來雪竇卽是常遁其傳言墻於寺西南隅則非含珠林矣且巢旣稱禪師

赤必從釋氏之法而爲墖矣有錦鏡池淳熙十一年僧智鑒鑿以匯兩澗之水者也其規如鏡張艮臣以錦鏡名之成化初已湮爲田嘉靖間邑令錢璠脩復至隆慶復湮有石竇出泉若乳上有乳峰有入山亭在山之址政和乙未曇穎所建有御書亭宋理宗所書應夢名山四大字也有天開圖畫閣在寺中方丈方丈有青石硏德壽宮物也元黃縉銘曰匪琥其白匪璋其赤夫蒼蒼天之正色也韞匵而藏守之以黑白母曰玆宋之隕石也有宴坐巖釋智覺於此不寐[redacted]有師子巖梅堯臣嘗詠之有聽泉亭王介甫詠之有隱潭三其一出寺門西行十里而弱雙崖陡削澗水從中瀉注遊者從石磴歷十餘盤下至澗底如

入地穴而後仰見懸瀑是爲上隱潭其一從御書亭折而南由百步街下至山麓循山西行山周遭如石城上有石筍離立高與山埒梅聖俞所詠之石筍峰也經八九盤計里可二十乃抵潭潭廣半畝懸崖覆之若厦屋瀑水從旁注潭中蜿蜒如白虹是爲下隱潭其中隱潭卽在下潭之上有嶺曰二十里雲唐謝遺塵所謂過雲山中有雲不絕者二十里是也其里謂之雲南奉化四十八都淵邊有古松高令欲伐之戴洵乞免因號爲翰林松

千丈巖瀑布王安石詩拔地萬重清嶂立懸空千丈素流分共看玉女機絲挂映日還成五色文〇曾鞏詩玉虯垂處雪花翻四季雷聲六月寒憑檻未窮千丈勢請

從巖下舉頭看○樓鑰次曾子固韻驚見銀河空外翻奔湍千丈有餘寒下流不用長勞望祗向懸崖頂上看○鄭清之詩圓嶠移來東海東梵王宮在最高峰試將法雨周沙界千丈巖頭挂玉虹○宋皇子詩來訪名山登古迹一亭清秀換雙瞳寒巖碧聳高深澗素練雲飛落半空徒覺襟懷塵不染允知景物勝難窮此山郎是蓬萊闕四顧緜華一笑中○戴表元詩匡廬亦有千尋瀑無此凌空翠玉臺身倚老松天上立眼看飛雪下雲來山神禁肅難投唾木客魂清得浣埃見說下巖堪對望道人臨壑翦蓬萊○高元之詩危亭上拂煙霞光蒼崖深倒蛟螭穴天河飛來破山翠寒入疎林風自發翻

珠錯玉無時歇巖前散作千秋雪寒聲肅肅凜毛髮白
雲朶朶翔空滅飛流濺珠入毫端天然一詩爲題絕○
汪灝詩千丈蒼崖鐵削成坐看飛瀑與雲平氣同岳瀆
風煙闊源落天河日月明端有鯤鵬奔海勢豈無鸞鶴
撼秋聲謫仙汗漫遊何處我欲乘流起濯纓○明宋琰
詩倚天絕壁勢無窮上引寒泉一派通砰湃忽驚中激
斷散成飛雪下晴空○徐紹先詩千丈懸巖玉蝀翻天
風隱隱逼人寒不因巡牧來幽寺那得乘看一度看○
沈愷詩偶逢仙侶下仙關並騎披雲笑語寬夢想十年
有此意興來今日共君看氷簾倒挂半天落玉障橫開
逼斗寒華頂赤城俱在眼且憑高處望長安○李濂詩

翠巖何巉削拔地秀千丈雷雨在其下飛泉半空響駐
節忘夕歸翹首愜幽賞寄語西遊翁無羨仙人掌○鄭
鳴雷詩飛流噴雪三千丈偶到危崖故作奇何似在山
渾不動靑松白石自漣漪
妙高臺宋鄭淸之詩陸地芳洲擁翠翹巨雷穿石滚雲
濤搏空蒼鳳欲飛舞奔海玉龍爭怒號萬象橫陳坤軸
富一亭平挹月輪高獨醒未覺孤淸景笑酌寒泉讀楚
騷○僧鑒詩一峰何突兀不與羣峰齊縱目乾坤窄回
頭日月低○元黃溍詩偶爲淸遊宿梵宮淩晨試上最
高峰水翻雪色寒猶落雲掩丹光遠更重舊有一僧能
跨虎近聞三洞盡藏龍下方車馬應難到煙際唯聽日

暮鐘○宗泐詩突兀倚天際漸登身欲浮人間猶溽暑山頂已新秋怪石封苔蘚懸崖瀉急流眼空千里外何處極皇州○明李濂詩吾聞妙高臺海涌金芙蓉上有萬古苔虎豹蹯其蹤日月挂天柱妙高又名天柱峰煙霞韜石峰所嗟弃僧去寂莫青山鐘○嚴貞詩層崖疊嶂倚青空金削芙蓉紫翠重北斗衆臨霄漢上南山低共夕陽中蔚藍天接雲林近太白山連寶地雄賴有和公陳迹在令人千古慕圓通○薛甲詩長風高卷白雲開石壁千尋鳥雀囘四望羣山齊踊躍不知身在妙高臺○王梃詩妙高臺上妙高峰獨表叢林衆所宗滄海浮杯傳伏虎石湫飛雪起潛龍僧來邂逅成三笑客到微茫定

幾重醉後不知歸路遠月明何處萬山鐘○陸釴詩石
徑入迂回高臺出林杪遠岫迎歸雲層巒礙飛鳥崖崩
樹交撐壇寂花誰埽淩風一振衣清曠絕塵抱仰接煙
霞重俯視樓觀小安得鞭蒼虬倏然下蓬島○沈明臣
詩西陟何崔嵬崇基夙曾搆　雲蕩空階紅壁射高灊
萬嶺盤鬬蛟中區顯孤秀五色紛以披春陽逗雲岫陰
霾開晣寒迴澗回今晝田霞耕阪疊溪霜響林藪西教
肅曇雲獰猛馴山獸藤結秋榦龕錫鳴秋水甃乃玆荒
穢場蒼涖穴聒鼬坐以息紛拏內典竟淵究神聖當自
超局影多瘢垢眺望遙峰長茲心敢終負○鄔鳴雷詩
高臺獨立倚罡風我欲持刀斷古松盡徹攀援與覆蓋

一絲不挂坐虛空
藤龕宋僧鑒詩蘿居空未久誰能繼其蹤寥寥巖伴月
千古屬和公○明樓則中詩絕壁牽蘿結搆牢一龕危
坐賴橧巢正同說法在雙樹尤勝蓋頭營把茅垂蔓帶
雲纏古錫飛花隨雨點方袍我來欲訪和菴主石磴躋
攀不憚勞○宋琰詩心燈能續重衣和人去山空事已
訛伏虎有時還叫嘯一龕不見舊藤蘿○李濂詩雪山
萬年藤蔹蔓摎爲龕禪師與世絕巢臥叅瞿曇夜雨澗
邊磬秋風雲外菴余訪遠公社思投陶令簪
含珠林宋舒亶詩何代神僧機匠深手裁珠樹作珠林
獰龍離穴頷初鑿老蚌出泥光易尋海近鮫人工迸泣

山深木客費愁吟開窗夜半不成寐明月時時照我心

又

萬箇松杉一顆珠老僧心手費工夫冷光常在千峰頂誰道人間夜月孤○僧鑒詩風勁蕭蕭響露滴箇箇圓坐看西山月渾疑墮我前○明華愛詩轉壑寒泉噴懸崖錦障齊垂虹飲碧澗飛雪灑丹梯組練穿雲淨簾櫳映日低客來看不厭山鳥盡情啼

黃巢墓宋僧鑒詩圖王爭霸業自古仗戈矛英風今何在都成一古丘○汪灝詩人說黃巢三尺墳萬年深處鎖嶙峋丹楓背面猶含雨亂草經年不放春金剎豈逃塵外迹緇衣空裏夢中身奸雄自古多眞態昨夜杜鵑啼轉頻

錦鏡池宋樓鑰記雪竇山名天下自下而升既至絕頂其地始平曠四山又環之寺據正中氣象雄秀二水不知所從來出山之兩腋而會於前徑赴大壑峭石削立險不可測崩空落崖飛雪千丈洞心駭目勝絕一方此山之所以得名也由古以來登覽之士不知其幾眩於創見何暇擬議紹興甲子郡太守尚書莫公將來游乃始發妙意於萬象之表謂水去太亟屬寺僧以田為池使二流匯其中寬納而緩出之則寺當少利有詩云能廢千畦渟玉雪不妨飛練挂丹梯讀者韙之而四十餘年十易主人咸睥睨以為難淳熙十一年足菴鑒公既至百廢脩舉取莫公之說斟酌之八月己未遂與畚鍤

池深一尋縱四百三十尺廣半之築隄南面以便往來因橋爲閘視水漲落而閉縱焉明年二月庚子池成漪漣拍隄渟瑩如拭千巖倒景空明相映道俗交歎見未曾有禽魚上下咸有喜色師問名於雪窗張武子艮臣武子曰是所謂淵林錦鏡者也遂以錦鏡名而請余記之余不能習陰陽家言然天下一氣耳山如人之定形水如人之脈絡或瀦或洩當適其中池之未作也水若建瓴山之氣與之俱逝而不畱及其旣積則靈淑之氣得以扶輿磅礴於茲矣繼自今其必有卓然超徹之士深藏若虛出於此山以振祖風者豈惟少利而已哉曩嘗一再遊焉間久不雨水僅相續蕭索輪囷固自不異

惟積雨暴漲則尤爲壯偉可觀顧安得每每如許及今過之既坐亭上徐徹二版水則大至怒濤迅雷凌駕震疊素蜺數萬哮吼層出眞天下之奇觀也始惟見寒莎野卉紛駭相應少焉覺兩涯石壁亦爲之低昂不已此非親至其上深矉而注觀者不足以知此莫公止謂不妨飛雪之勝不知此池之成乃有大功於瀑泉也○詩兩溪赴壑若奔虯此地端能截衆流三版放開千丈雪一奩清澈四山秋幾年空自存公案今日重新指路頭珍重老師成勝事清名當與此山畱○汪灝詩帝遣青銅一鏡懸萬山如洗息淪漣過雲不礙東西岫明月能涵上下天景合野雲魚自避光分水荇鷺相鮮臨流我

亦忘歸輿晴翠撲人生紫煙○僧鑒詩一鑑涵虛碧萬象悉其中重綠浮輕綠深紅間淺紅○明樓則中詩眼界空明絕點埃千花絢采類妝臺乍疑織女回文在還許姮娥照影來九疊屏風從地涌一奩寶鏡自天開道人況入心如水燕坐觀心悟劫灰○李濂詩花倒慈悲池瀲灩鏡涵錦瞼喁濯靈魚聞經盡諸品俯闌鑒清流乃知吾貌寢未許瘴海通先試法螺飲

石竇明李濂詩石竇海眼通乳泉四時洩仰睇窅而深誰剜玉屏裂青暝千峰雲白含萬年雪膏砂原異竅鳥鼠或同穴

入山亭宋僧鑒詩荒蕪行盡處幽亭聊暫止帶雨策孤

筇登高從此始○明宋琰詩一亭西入梵王家百折千盤路轉賒山鳥似知來客意數聲啼上石楠花
御書亭僧鑒詩昭陵安寢夜飛夢到山丘往事難追復高亭絕勝遊○明樓則中詩誰向名山爲搆亭夢中遊幸宋昭陵千年宸翰題金牓五夜奎光映玉繩橫錫此時成獨往杖藜何日許同登蛟龍擁護雲飛動還憶彤墀寵渥承○宋琰詩應夢當年是此山尚遺宸翰賁禪關墨香不散龍常護夜夜輝光射斗間○李濂詩天王八駿志紫禁思名岳閱圖協朕夢染翰奎光落宮女吮彩毫祠官訪丹壑雖非傅巖求差近華胥樂○張邦奇詩雪山本奇勝不減諸名岳迺僻海東隅千載成濩落

帝夢昭神靈宸章表丘壑雖非鈞天游殊勝巫山樂詠御書亭者如孫勝陸釴俱誤爲德壽所夢殊失事實

天開圖畫明宋琰詩天開圖畫渾然成獨愛軒中得此名何用丹青與金碧有聲自可寫無聲

晏坐巖宋琰詩千巖萬壑最高峰層實深林古刹宮粥飯隨時無箇事坐盤陀石納清風

師子巖僧鑒詩昂空勢不已踞地何雄哉白雲遮不得依舊山頭來

聽泉亭宋王安石詩逗石穿雲落澗隈無風自到枕邊來十年客底黃粱夢一夜水聲却喚回○僧鑒詩寒泉漱石齒淅瀝鳴瑤琴坐來毛骨清分明太古音○明嚴

貞詩穿雲逗石瀉層巒百折縈回噴碧湍澗底聲遙山
寂寂林端籟靜月團團閒居洗却塵襟爽虛榻驚回午
夢寒自是禪心無住著謾勞清興足盤桓
隱潭宋樓鑰詩靈潭深入白雲堆帶雨春雲爲我開亂
石半空潭欲墜瀑泉千尺正中來兩軍酣戰鼓聲急一
雨生寒霹靂摧中有臥龍君勿狎有時平地起風雷○
鄮脩輔詩在昔知何人鑿破青山骨飛泉直下來千尺
瀉倏忽兩壁蒼翠間一陣風雷突傷無塵埃蹤中有蛟
龍窟寒氣不可向猛勢豈能屈安得當年旱爲霖濟羣
物○明宋琰詩蜿蜒中蟄水沈沈霧漲雲騰白晝陰不
是雷霆鞭不醒此時未可去爲霖○呂時詩不歷隱潭

水那知上寺尊萬蓮盤法界雙樹繞天門禱雨龍潛鉢
談經虎在軒老僧忘世久相對自無言○汪綸詩隱潭
路險絕躋攀雪竇山深更有山萬疊寒巖倚天外半空
流水落人間陰陰宿霧開還合冉冉行雲去復還自遇
聖朝脩祀事每思霖雨出靈關○姚淶詩已盡雲林勝
冥搜萬壑中穿雲囘鳥道鑿石下龍宮水靜沈清碧巖
虛炫彩虹緣知能澤物膚寸起神功○陳寉詩長潭切
明河清冷流辰極飛泉自天下入地翻霹靂顛崖縈萬
盤立壁亙千尺墮鳥挂風藤孤猿嘯日夕下馬乘險行
摳衣望空入問之巖居人云有蛟龍蟄歲時感禱祀神
化應無迹是知山谷深乃有靈异集嗟余隱者流煩襟

猶未滌安得息世遊來此學仙術朝餐田上芝暮飲石
中液凌海問三神御風窺九垓相邀皇初平同作紫煙
客○鄔鳴雷詩崔嵬峭壁絕躋攀碧水澄泓龍窟閉神
物豈能忘勝地暫時行雨向人間○釋傳慧詩一坐松
關意轉閒隱潭千尺瀉潺湲妙高臺上雲如墨共指蒼
龍帶雨還

翰林松戴洵詩翦伐先曾乞縣公至今人號翰林松野
猿知道非封爵猶抱寒條候曉鐘後二句改○又八景銷沈絕
舊蹤百年只得一株松也知不是無情物翠色而今作
意濃後二句亦改

桃花坑山 在二十里雲之南山巖壁立數仞延袤數百

尺其石紅白相間掩映如桃花初發故名隱士竺汝舟居之與仗錫僧脩己往來留偈云昔是神仙宅今爲長者居元末孤峰德結菴於此

僧鑒詩地僻人居少林深路轉迷桃花流水細不异武陵溪○明宋琰詩坑原四匝是桃花開落東風幾歲華不問仙家在何處我來非是覓胡麻○戴洵詩偶爾經行處天然削險巖青嵐藏古木彩日絢澄潭宿鳥語方寂游魚戲正酣[redacted]女皆愜意吾欲此投簪

爛平山　宋耕號雪溪紹興中爲閬中令忽棄官而去有傳其在四明山者孫德之尋之至雪竇遇蜀僧云此山之後爲爛平山有二居士其一宋宣敎也德之攀緣而上但

見丹竈藥臼而已

樓鑰詞君之生兮天之西望雲山兮名之雪溪君之遊兮海之湄隱於雪竇兮杳然何歸子從其父兮孫訪其祖子之不遂兮孫之心良苦嗟嗟閬中君兮棄家而遠逝蹇胡爲兮不之留其遂蟬蛻塵埃而仙耶其亦肥遯得道不死而隱於四窗之幽邪捫藤蘿以尋於爛平兮既不可見莽白雲之廿里兮欲進兮焉求青槒兮實緜莎蘿兮花稠鞠侯兮相與羣白鶴兮嘯其儔謂爲遠兮何景物之良是謂在邇兮將路徑之何由肖君像兮茲堂奉烝嘗兮良疇君之來兮庶幾其見之君之不來兮徒徜徉以夷猶

徐凫巖　雪竇西十五里重巖峭壁瀑布數百仞下爲神龍所宅有鞠侯巖三大字刊於絕壁唐謝遺塵九題中鞠侯其一皮陸皆以猿聲擬議不知其爲巖石之像形也不然何處無侯而獨以其目歸之明山乎其言徐凫者相傳有仙人乘凫上昇巖上有巨迹存焉

宋王時會詩絕險攙空雲與平橫飛寒瀑萬年聲杖藜平過人間險獨向千山頂上行○僧鑒詩蕭然上方境人稀知地僻徒聞古仙人石上有遺迹○明樓則中詩一片懸崖勢插天昔人曾道此登仙凫飛赤舄凌雲漢鶴載瑶笙度紫煙洞户桃花疑有路澗頭松偃己多年袈裟此去探靈迹須了三生石上緣○宋琰詩銀河一

派瀉中天地勝廬山瀑布泉脫骨有仙今不返老松玄
鶴自年年○徐寅詩徐皃巖畔夕陽遲瀑水淙淙總作
奇倒景盡從千地起疎鐘都向萬家披短笻到海秋蕭
爽孤劒凌空夜陸離欲詰山靈緣箇爾忘年小友正論
詩

大小晦山　相傳黃巢引亂兵過一峰下天色將冥謂之
小晦又過一峰下天已深黑謂之大晦遂安營嶺上謂之
住嶺按雪竇雖有巢蹟亦是其逃死之日不應引兵而來
若在轉寇浙東之時又不應違城郭而向窮山也道書云
宋應則入此山覩其景色明麗再來則冥晦莫辨因以名
之巖下有覆盆山丹山圖詠所謂中有一山如覆盆林木

交加華卉亂者是也大略諸峰高峻路在谷底早晚不見
日色故有此名耳有金井洞在住嶺之麓亦名茶坑峭壁
飛泉與隱潭齊勝洞外平石廣可一畝
宋高元之詩大晦出小晦過盡山峰翠寒雲抱幽石枯
枿老濡瀨沿流路逼側當道屋破碎却立重回首瀑布
瀉雲背○明徐獻忠詩行縣淹朝雨盤山路轉遲溪聲
連壑起雲氣幷峰移候鳥催耕急梯田貼石危農官方
在野端爲有年期
丹小山　有二洞如廣厦可容五六十人內有小穴甚深
相傳窮其洞者行經數時忽聞水聲肩怒惶遽而返有三
巨石覆洞上有丹霞二字自然朱書故洞曰丹霞邨曰三

石巖隙流水皆赤故或以爲赤水之證有風洞所謂大風有隧也宋陳著曹孝先皆居此

宋陳著詩丹山高處坐龍宮山下人歸潤澤中北馬一塵飛不到危時方見有神功○明汪綸詩溪上栽桃滿洞花洞門石壁掩丹霞茫茫流水空仙迹寂寂青山度歲華古木垂蘿長拂地野猿生子亦成家乾坤已入昇平久莫爲秦人理釣槎○釋眞承詩半泓源徹那能窮一勺隨潮海眼通自是鍊丹人去後百千衲子飲生風

公棠山　孫興公遊四明山得棠一本植之於此故名按棠即杜棃興公旣有拾棃見之棃洲山矣又稍變其說而爲植棠是一事而分爲二也

白巖山　石色如玉丹山圖詠云白巖瀑布如飛練今白巖未嘗有瀑布豈以其近雪竇而牽連之歟有宋張良臣墓奉化志云不詳其何人按良臣字武子號雪窓拱人也父避地南來遂家於明隆興初以流寓名薦書結交老蒼聞見多前輩事史浩尉姚江一見武子奇之後二十年試南宮浩得其三策意爲武子之文袖以見知舉張貞父曰此必某故人張良臣之文也比揭牓貞父驚謂浩曰果張良臣也浩罷相居小溪山中武子日從之遊如裴迪之在輞川兩仕都城皆劇職泊然如在山林也樓攻愧跋其詩卷云與武子評詩謂當有悟入處非積學所能到閉門讀書終日凝然性雖嗜詩未嘗輕作或終歲無一語故所作

必絕人戴表元稱之爲渡江詩祖

鶺鴒山　有石狀如鶺鴒山勢最爲險惡下有錢溥碑敘鶺鴒化爲神之事

宋張艮臣詩喪膽巖上人怖死巖下人周道自砥直何枉不問津人生貴適意毋容矯吾眞淵明兀餘年漉酒乃一巾

躊躇嶺　在徐鳧巖之北贊寧筍譜引木玄虛四明山記云雪竇山北巖生石乳其峰非人可升有毛竹銀筍詳其毛竹自生毛筍若銀筍卽銀鑛如筍然池州山穴曾有懸四下窺至百餘尋後見洞明煥遂手搴之得三數莖疑是此邪或云毛竹筍白如銀未詳

明王挺詩秋日澹平蕪登攀興不孤翻疑盤谷道還是輞川圖嵐氣諸峰合溪容衆壑殊何人乘款段四顧爲躊躇○錢文薦詩峻嶺終須陟躊躇且莫前松聲寒帶雨石氣濕生煙立馬崔嵬外聽鴻慘澹邊溪南舊茅屋冷落已多年

安巖山　二巖橫跨澗上有大龜廣三尺許出入風雨隨之後死巖下其殼留四明院中

蓬島山　圖經云其源來自四明山重岡復嶺自剡之西南至於鎮亭之東北兀然獨冠諸山北爲安巖之翠峰南爲石樓之赤巖過杉木嶺入於天台其巔俯視數百里外滄海城邑了然在目宋崇寧間有尼結廬於其側號師姑

平有龍湫名鰕魚潭在後萊山谷中宋祥符淳熙皆著靈异

宋劉倓詩軋軋筍輿過翠微路經蓬島鎖煙霏雨從半嶺巖窩出雲在行人脚下飛○明張瓚詩振衣千仞忩遨遊舉目俄驚近斗牛雲鎖赤巖低雁宕天浮滄海小瀛洲謝安自得閒中趣徐市何須海外求瑤草碧桃如舊日獨悲秦輦覆沙丘

石樓山　與蓬島相近有石如屋兩崖跨澗飛瀑亂下又名石柱高六百丈五代時雲川胡慶度奉化童公嶺得石樓蓬島之勝遂定家焉慶左丞進思子也

明袁德鄰詩仙山十二石樓開下檻滄溟渺一杯綺戶

末明初日上丹梯欲冥暮潮來身通雲路登三島手滴星辰泝上台元是龜龍將變化桃花浪暖錦城堆

大雷山　廣連雪竇高一千丈藏表元云剡源有兩大雷東西相望百里大雷之下皆有石門然以爲唐謝遺塵所居則非也

横山　截山爲路二十五里山上有石文若篆書謂之天篆旁有石臺有上下牢巖上巖壁立下巖囘顧

宋劉倓詩桐林老子俗情無覽勝探奇不覺晡幸爾清溪好明月如行四十里氷壺其一　一溪徑險僕夫劬三酌油油醉筍輿隔岸火焱三四點不知誰照夜灘魚其二　大小萬竹望不見上下牢巖過若飛紅紫舞衣山躑躅白

裁玉版野薔薇其三

鎮亭山　南自天台西連四明漢地理志注鄞有鎮亭山西界於越南界於天台故其鄉曰連山是也有石井其潭類釜巖壁二十餘仞飛瀑如練有石門洞亦名天師洞唐葉天師講度人經有龎眉棃杖者日至詰之鎮亭山龍王也時值久旱天師屬其爲計是夕平地忽涌清渠其靈驗若此有龍窩石龍所經由嘗顯迹象

萬竹嶼　宋高元之著書之所也元之字端叔讀書靡不究極佛氏藏經五千卷亦爲再過他可知也含英咀華以昌其文樓攻媿稱其困阨多故其思苦憤悱極故其得眞有劌目鉥心穿天出月之工陸放翁於文章少所許可以

詩人稱端叔嘗結廬察廉岡在大小萬竹之間著萬竹先生傳以見志焉

明袁德鄰詩萬箇黃篔旋養成深林日夕好風生故人對面無塵俗君子同心有舊盟翻翠五更驚好夢鏘金三伏咤秋聲何當跨鶴隨王子直上瑤臺聽玉笙

剡源九曲　奉化之西六十里有山夾溪而出蓊然深茂者剡源山也謂之剡源者以其近越之剡縣名之也剡源之溪以曲數者凡九梅福四明山記曰一澗出南過一百二十里其水歸鄞江南源是四明山南門也號白溪

元陳基詩海上雲山罨畫青剡源曲曲有仙靈四時笙鶴聞空際彷彿曾孫宴幔亭

一曲　在六詔有王右軍廟右軍隱於此六詔不起故名山有硯石云右軍所遺也

陳基詩一曲溪頭內史家淸泉白石映桃花當時堅臥非邀寵六詔還朝百世誇○明高啓詩欲知溪流長百轉來越嶠舟行安能極嵐路入斜照淸景不足娛昔人豈辭詔石研久難磨空靈閉遺廟

二曲　在蹕駐五代時陳殿中隱於此吳越忠懿王親往顧之故有是名按史忠懿卽位之後未嘗東渡浙河豈其在出鎭台州時邪

陳基詩二曲山頭草木芳前王駐蹕有餘光故家喬木今無恙禮樂衣冠比鄭鄉○高啓詩殿中初未仕高節

振衰謝讀書在茲丘蕭然竹間舍王來有深言留宿山
水夜誰云南陽翁獨枉將軍駕

三曲　兩湖在桃花坑山之下湖有大石離立去石數百
步有潭甚清洌魚百許頭可數所謂小盤谷也
陳基詩三曲稜層亂石深巖如盤谷路嶔崟幞頭突兀
波清淺箇箇魚兒戲柳陰○高啓詩山折水暫開山開
水仍往東陂匯初成秋色瀰然廣碧蘿花茸茸月映石
壁上何時試沿洄一理煙中舫

四曲　在臼坑有蓮葉峰爲戴表元故里表元字帥初至
元大德間東南文章大家皆歸之無异辭其自序買榆林
之地而廬焉此也

陳基詩四曲窪然爲臼坑岡巒逾秀水逾淸雲深深蓮葉峰頭寺下界時聞鐘磬聲◯高啓詩密篠覆碕岸石穴黝而深居人負薪歸駐聽風水音回看蓮花峰靄靄生夕陰不有僧鐘來高路誰能尋

五曲　在三石郈小山下已見丹

陳基詩五曲粼粼三石溪雲深結屋可幽棲羽人輕舉今何在空有丹霞古字題◯高啓詩石洞篝火入石室敷牀居白雲開層巔止有丹霞書神仙不遠人但使粗穢除何必瀛洲外茲茲茲問飈車

六曲　在茅渚唐末陳某自長安使吳越遭亂不能還錢氏留爲奉化尉遂居其地有上乘教寺

高啓詩危梁度清瀨逶迤入前渚犬吠樹蒙籠煙景墻
墟聚雨中耕叟歌月下歸人語欲尋仙尉蹤淒涼一茅
宇

七曲　班溪水會於此有報本寺

陳基詩七曲班溪好隱居昔人卜築有茅廬至今蘭若
諸天外猶見琳琅煙梵書○高啓詩清溪泛悠悠東與
班溪合菱葉間荷花風來秋颯颯久行愁寂莫忽有人
煙雜我欲發櫂謳漁郎肯相答

八曲　高轝在雪竇山下

陳基詩八曲灣灣七曲通舉頭金刹鬱重重為尋高轝
雪深處擬結衡茅學種松○高啓詩俗駕不可到有地

嵒中小囘囘別澗通宛宛連岡繞人家林谷暗不見旭
光曉東作起炊藜惟應候啼鳥
九曲　在公棠與晦溪水合入於泉口注於江
陳基詩九曲棠梨歲作花與公手植信堪誇欲知此日
誰爲主隆國諸孫太史家◯高啓詩入江水稍淺霜降
未可涉頗聞往來人出門卽舟楫前飛鷺鷺遠下飲垂
猿捷何處問與公風吹赤棠葉
鷩淚山　東面七十峰總名連鄞慈谿二境
大梅山　漢梅子眞隱處有石洞仙井藥爐丹竈古蹟石
洞者今名石柱嵒山石突怒頂有石旁掣數十仞其址下
隒而其上平腆盈畝其中多神异風雲奄忽卽所謂石庫

也丹山圖詠注云梅福曾栖此庫見書莫知其數齊時樵
者何斯於此得鹽少許歸而遺母食之味甘不數日白髮
盡黑復往取之已失所在山腹有槎木二十餘丈常吐光
明高僧傳云大梅山中多龍穴神蛇吐氣成樓閣邊有石
庫貯仙藥神仙經籍受之者爲地下主不然亦帝王師傳
唐貞元中釋法常居之遂成叢林其所居舊址爲保福寺
其墖院爲護聖寺其初縛茅處爲北麓菴相傳虎銜石成
墖力盡而斃故旁有虎墓高僧傳言此山在餘姚之南七
十里今乃在鄞之東南其去餘姚一百九十里豈所謂餘
姚者以明州餘姚郡而言邪王荆公鄞縣經遊記食大梅
山之保福寺莊過五峰行十里許復具舟以西至小溪其

與餘姚縣隔明矣

法常墖明黃宗會詩東邨西崦望何窮路在鄞江東復東柏圃楓林迯落日竹鍼庣線識宗風夔蹏虎跡寒雲外零斷鼉趺暮靄中獨倚頑崖苦竹下蒼然相對一輪峰

虎冢宋樓鑰詩辛勤玉柙更珠襦或見叉牙出骨須鷲獸一心能護法敝帷千載尚全軀餘威凜凜空埋骨遺象眈眈若負嵎及見當年梅子熟自應驚倒老妖狐

乇山　乇山之水源由餘姚斤嶺自趾至巓凡十六里故名然後歷小大皎蠻巖樟邨環邨一作桓平水此其大派也又一派出仗錫山合衆山之流會於大溪至乇山溪通大江潮汐上下

來則溝澮皆盈去則河港俱涸溪流置之無用稍旱則鹹潮害稼矣唐太和七年邑令王元暐相此地爲水道喉咽作堰以禦潮汐導大溪之水折而東之經洞橋沙港匯櫟社入寧城爲南塘河其謂之它山者溪南沿流皆山溪北皆平地至此始有一山與溪南相對言不與衆山爲侶故名它山有梅梁在堰下江沙中出自大梅山斷而爲兩其上爲會稽禹廟之梁其下沈於此禹梁張僧繇畫龍於上或乘風雨飛入鑑湖與龍闘人見梁上萃藻淋漓始駭异乃以鐵索鎖之它山之梁其大踰抱半入沙中不知其長短橫枕堰址暴流衝激儼然不動數千年不朽潮過則見其脊有草一叢生於上四時常青耆老傳以爲龍物有三

潭相距各二里禜旱者次第祀之堰旁有廟祀王公其碑
鑱宋寶慶三年正月十七日所賜敕書尾書右丞相魯國
公彌遠曰左叅知正奉大夫繒者宣繒也右參知宣奉大
夫極者薛極也附書曰清之者鄭清之也曰宅之者史宅
之也曰行簡者喬行簡也彌遠以是年三月始改封魯國
令書於正月下者以立碑之日在改封之後耳西折而行
爲響巖江水侵巖水鳴而巖應微類夫石鐘也賀知章曾
隱於此名佛影巖天寒則鸕鷀羣集又名鸕鷀巖
周靖案蛇古作它顏眞卿妙喜寺碑有避它城蓋古人
築城以避它也志中大梅山有神蛇吐氣成樓閣又名
僧建㽔於清秀山鎭蛇虎此山必以蛇得名附識於此

唐僧元亮詩截斷寒流疊石基海潮從此作回期行人自老青山路潤急水聲無絕時○宋舒亶題它山兼簡鄞令詩嗚呼王封君心事鬼出沒驅山截長江化作雲水窟旱火六月天萬棟挂龍骨蕭條一祠宇像設何髣髴破屋夜見星漏雨濕衫笏桮酒謝車篝此事恐亦忽我聞古先王報施亦稱物矧今崇佛宮民力未言屈豈無制作手一爲起荒茀李侯仁賢資撫字良矻矻可但清似水方看健如鶻洗蹟千載後行且見披拂陰功世易忘遠慮俗多歾勉哉君毋遲斯民久已鬱○樓鑰詩它山堰頭足奇觀百萬雷霆聲不斷誰把并州快剪刀平劃波瀾成兩段四明山深水源遠衆壑會溪長漫汗

滔天狂潦不可啚瀉入長江勢奔竄賢哉唐家王長官
欲圖永利輸長算想得慘澹經營時一一山川應飽看
西偏千嶺相屬聯惟有它山擁東岸遂於此地築横埭
截取衆流心自斷斟酌利害不全取高下參差僅強半
水大七分入於江徐把三分供漑灌支流瀰漫穿郡城
脈絡貫通平且緩旱時反此水亦足坐使千年忘旱暵
無窮廟祀報元功像設森嚴人敢玩梅梁夭矯有冥助
大患於今尚能扞前輩所作多神靈日月真成坌心貫
後人小知或更易費盡工夫隨破散河堙壼浚謀不集
堤斷河傾流甚悍富民縮手人受殃仰望古人重興歎
老木號風波湛碧畫屏俯仰丹青煥更須積雨看驚湍

濡足褰裳何足憚去家不遠時一遊短船垂綸流可亂八月倘有仙槎來便欲乘之泛天漢○它山道中詩素蜆橫臥作雷吼日射細鱗銀雪光安得此身如白鷺翛然終日在梅梁　又過盡水禽拜野梟風標惟許一春鉏可憐久立梅梁上不爲溪光祗爲魚

西石山　以產石名有冷水潭其郵爲後衙環郵樓攻媿詩所謂後衙環郵儘溯游者此也

天井山　有五井其巖臨空半出重淵百仞側足眩目者數十步方至下井瑩無纖翳常若埽除乃神龍遊化之蹊也又三里爲中井又二里爲上井餘二井阻險常有雲氣覆之投足無所宋嘉定九年賜廟顯濟有樓攻媿墓有天

井寺丹山詠注云梅福遊此夢人謂之曰周時益昌化於是地其骨尚秘天井及明果獲之遂與收掩元許廣大詩攀蘿行鳥道絕壑見龍湫嵐氣千峰雨溪風六月秋冷泉移別井古寺隱深丘獨有它山下梅梁積水浮

灌頂山　其山直上二十里方至頂宋嘗采鐵尋亦禁之山頂有寺居僧積水溉田蝦蟇聒耳後有厭之者洩水而田廢遂不可居

石臼山　山坡有石圓而薄闊可二丈中有穴似臼傳爲葛仙翁煉丹之所旁有二足跡謂之仙跡山下溪潭深迴莫測其底有大魚見則必陰雨與隱仙山相連其地唐置光溪鎮宋改小溪巖巒擁秀羣溪畢會水清冷如明鏡紹

輿中北客多樂居之魏文節杞結圃墅名碧溪菴與客大梁張武子爲詩友其他如安儀同孫王尚書相繼卜築碧瓦朱甍翬聳鱗比望之如神仙居

鳳山　象形有天王寺東北有洞橋昔謂之文洞宋王應麟記之

樓鑰小溪道中詩簇簇蒼山隱夕暉遙看野雁著行歸久之不動方知是一墖碎雲寒不飛又後衕環邨儘溯遊鳳山寺下換輕舟舟人努力雙篙急引得淸溪逆岸流〇明豐應元詩曉山秋影靜溪水碧於苔薜荔緣崖古芙容隔岸開千家成市井十里見樓臺何事歸舟急悠悠白鷺猜

芝山　在仲夏鄉有楊守陳墓

木皁山　有二十四峯如木芙容

淸秀山　上有三十六峯山半有雞籠石晉有名僧建墖於上以鎭蛇虎其後疑有瘞金毀墖取之遂爲人患

錫山　嘗產錫故名有龍竅屈曲而下莫測其底

建嶴山　有一十五峯狀如列戟有花墖巖龍湫在其下有係嚴寺錫山二字宋張卽之所書也當時錫山建嶴通爲一山其地產橘故戶有橘柚之園

明張邦奇詩廿年幽興廢追尋此日重來徑草深茗椀香爐晝寂寂松房竹戶天陰陰緇塵不上遠公榻白鶴長棲支遁林杯度夕陽還入定坐看涼月墮江心〇張

時徹詩招提偏占碧山阿細雨斜陽喜再過谷口雲封
行處斷庭前花落坐來多山廚巧接松溪水石屋新添
燕子窠好借煙霞學眞隱高眠長唱紫芝歌

梅園山　東浙碑材不能得太湖石次之梅園質頗近膩
今石孔久閉佳者亦不易求矣

窗巖山　道書云上有石匣盛仙蜜嘗動星象然身驗之
石峰竦拔懸根峻壑非葛藤連結可企故野蠭分巢其上
歲久積蜜流溢潭間魚鰜喁變色采捕食之美珍常味蜜
非家釀故以仙稱其潭深湛不測是名石質丹山圖詠注
云內有石室貯藏神仙祕典禹時有逸士王眞曾入觀之
亦是嵩山虎口之亞也宋陳顯之冥菴在焉顯以諫相蔡

京歸隱於此涉溪爲莊郵有寶積寺

二韭　即大小皎也謝康樂山居賦遠東有三菁二韭注云韭以菜爲名二韭四明皆相連接案韭一名皛大皛小皛地產是菜故以爲名而易韭爲皛已是難明復易皛爲皎展轉不已音義俱非遂使奇地蘊沒余始追而理之丹山詠注云有山兩陣相向中央澗水流分四面俗呼爲大小皎是也案此即今之皎口由是出它山四十里皆兩山相夾爲牆仞梅福四明山記曰四面形勝各有區分中通一溪曰簟溪尋其地脈當是皎口之溪謂之簟溪者故老嘗於水中見仙簟焉或曰簟溪導源於嵊縣簟山即剡源之溪此非也有八囊山八峰相次在大皎有蘆棲坑兩山

蘆覆二十里無居人亦遂名孤悽有茅鑊有箭ㄏ從此以達仗錫有石門潭有蓮花潭多怪石皆皎口上流也丹山圖詠置大小皎爲北面之山然余見石門潭在中郵神祠有碑曰驚浪山故改屬東面

翠巖山　有秦王石版弓箭洞葛仙翁以泥封之丹山詠云翠巖有石壁干雲注云葛仙翁到此見洞中魚長六七尺以杖擊之匆見山神曰澗水通大洋魚從海來故也有翠山寺其額爲張郎之所書有宋參知張孝伯墓

明姚淶詩深徑曲還曲幽巖空復空匡廬白鹿洞桐柏金庭宮日月光斜透煙霞氣半籠冥搜兼遠寄步屧逐仙風

大雷山　此東面之大雷與南面大雷相去百里道書云山多禽獸每爲獵人所狠藉神仙警以雷火故有是名漢晉時得道者多居焉有靜水洞丹山詠云謝朓曾居茲讀誦史傳無文不知何所據也有始皇廟相傳始皇曾登大雷陸雲答車茂安書曰昔秦始皇酉鄮縣二十餘日則遺蹟此山固其宜也圖詠注云又有金雞洞今其洞在翠巖下是當時通爲一山矣

明張邦奇詩十年重到大雷山依舊鶯花白晝閑細草遠連春澗綠落梅時點客衣斑流塵歲月人空憶繞徑煙霏鶴未還采徧蘭皋猶駐馬夕陽何處水潺潺　又維舟鄮寺蹋平灘纔到山中便改觀一夜雨過鳴澗壑半

空雲墜失峯巒人家有徑蒼苔滑蕭寺無僧翠竹寒此日故人千里隔欲攀高頂望長安○豐應元詩迢迢疑入武陵溪不見桃花路亦迷屋裏青山成獨隱雨中深竹對幽棲縱談今古頻揮麈歷覽園亭每策藜一宿仙都人世遠更於何地覓丹梯

武陵山　舊傳劉阮采藥於此有桃花萬樹

聖功山　有石室相傳朱彥誠遇仙於此

白鶴山　與望春山對峙

法華泉　在櫟社常樂寺內掘井之時有僧以法華經投入故名元高則誠塡琵琶詞於此夜秉兩燭其光忽然相接因以交輝軒名其處琵琶所指爲王四也牛太師指伯顏不花趙五孃乃周氏百家姓自

趙至周第五姓

釣魚山　有謝康樂釣臺有石棊枰在水潮涸乃見

蘆山　有烏石峰有龍湫

大隱山　夏侯爭先地志云大隱南入天台北峰爲四明東麓以大里黃公墓所得名寧波志云晉虞喜嘗隱於此三召不起因名大隱案其下有大隱溪漢董黯之母好飲此水黯以遠不能致乃築室溪旁得供朝夕於是改名慈溪夫在漢已稱大隱而謂緣起自晉其譌立辨杜光庭七十二福地記曰大隱山在明州慈谿縣是於四明洞天之中又別之以爲福地也繼虞喜而隱其地者在唐有詩人林無隱在宋有楊適當范文正守越楊處士在大隱山中

聞文正至款門投謁閽吏抑不爲報文正遺書謝過有吳越相林鼎墓鼎卽無隱之子也有杜醇墓王介甫有請杜醇先生入縣學三書有汪大猷墓朱子有送汪尚書致仕詩此三公者髮齒埒美泉石矣

黃墓山　其山帶江有覆船之號有大里黃公墓虞翻曰鄞大里黃公潔己暴秦之世夏統言會稽土地風俗其人循循然猶有黃公之高節王應麟七觀云有大里黃公之高標其人怡靜而自珍凡黃公居鄞之蹟先賢論之詳矣海中又有黃公墓則元吳萊所謂赤刀厭虎之黃公也

謝山　有謝山廟其中丹臼猶存舊志以爲謝康樂鍊藥於此宋楊適雲溪寺記云謝山實四明東足王右軍守會

稽謝安石慕舊攜許詢支遁潛息其間故山之擅名由謝太傅始也然會稽溪山凡言謝氏者太傅康樂誠有難辨未可以爲必然耳有雲溪山楊適云雲溪者謝山之别峯耳有石人潭其石屹立如人又有石壁如房滴泉常如屋溜

抱子山　山勢如龍蛇抱子道書云山頭有石室泉如甘露名爲聖水宋時鄭宏得此水飲之遂得長生

白巖山　有仙人石臺高巖踞溪上最上累巨石圓方二尋其下承以四扁石石隙容人而通明前支一柱柱徑尺高丈餘撼之舉然或動有師子潭懸崖覆屋飛瀑晝夜吼不絶師子足痕宛然又有仙人膝痕及五指足跡有藥臼

又有永昌潭湍水巖潭皆近白巖而永昌尤奇初名廣茂天寶二載玄宗遣使至四明山投金龍於潭中以朱書識其左肋繼而雨降玄宗觀行雨之龍朱書在焉謂近臣曰此所投四明山金龍也第不解其有大寶永昌四字俾使者同奏云奉命沈淵得木版漆書曰大寶永昌方知化迹遠符也於是名潭永昌名觀大寶宋祥符間大風觀爲風所拔投空而下楹棟如故治平二年於是有神運至道之賜有仙人洞其戶劣容一人入則可布數席亦傳爲葛仙翁鍊丹之處

走蛇山　北面七十峰之形屬慈谿餘姚二境

車廏山　越王句踐停車秣馬之所有楊慈湖墓

明時銘詩春風步屧萬山中夾道新栽十里松石蘚交
荒丞相墓史相天花香落梵王宮麥畦上下緣溪入茅屋
參差隔岸通欲訪商山采芝叟雲深無處覓仙蹤
禪餘山　其巔有刹畧潭其流爲聖井有禪餘寺
支山　元柳貫曰支道林常往來遊息故名
五馬山　有晉虞瑤墓
三女山　相傳有三女浴於水濱爲雷所擊化爲三峯亭
亭相望此臆說也以三峯嫵媚故名三女耳余嘗有閣對
之題其柱曰淸溪千頃開妝鏡晴虹萬丈作纏頭可想其
景矣其水爲藍溪自龔郗會大闌三十六畧之水出楊洋
黃竹浦注於江元戴九靈所謂龍山展旣躡藍水舟亦艤

藍水碧可通蜀山青忽擁者皆指此也有七指巖潭相傳爲錢王指痕也近有於三峰下斸地得誌石乃虞世基墓當時卽掩惜未見其文耳

石門山　石壁對峙若門束流於下劣容一人矼而過也門之外有崩湍數十道爲水簾門之內有龍潭其潭天成石釜廣容萬石瀑布十餘丈注之嘈呟若鐘鼓有雌雄石唐大理丞孔殷避黃巢之亂於此歿而人神之以司水旱焉有石門寺元柳貫云石門山者宋之禪伯進虎子所棲隱是也

余有詩云石門相去無多路此日重來三十年世事已隨滄海變瀑泉仍向屋頭懸數家好傍猿兒住頑石曾

親虎子禪却怪買山非不早至今猶未結茅椽

雲頂山　在羣山之表有雲頂寺

化安山　古謂之剡中宋史陳橐列傳謝事歸剡中僑寓僧寺初以爲剩縣及考城冢方知是此山以其有剡湖故也橐卒卽葬於此其僧寺卽化安寺也余祖元州判茂卿府君讀書寺中乃吳草廬之弟子寺多名僧其見之諸家文集者明初宋元僖有懷化安眞淨源詩南洲洽有送坦達中住姚江化安詩詩皆見伽藍記有攧水宋會稽志所謂化安瀑布也其流懸空而下有石隔之分爲二道各十餘丈匯爲池曰噴珠池瀑流之上有草亭宋元嘉中兖人李信所建有鼇峰俗名開口巖有道巖在山頂如石𡌴有石湫急

流怪石先忠端公嘗記其勝有化安泉昔雲間徐長谷獻忠作水品以四明山之水雪竇上巖爲第一蓋由不知化安泉也雪竇飛流豈能與化安源泉爭勝有小山若凡山陰陸夢斗紹興紀略所謂化安嶕崒兮如几者是也有剡湖謝文正公嘗讀書於此其言曰山水所滙以其景物之勝似剡溪也產茶爲名品宋孫因越問云若餘姚之瀑布兮尤茶經之所誇嗟陸羽之不逢兮宜鑒味之絕少

明陸淵詩雪飛千仞挂層巒山鬼女蘿白晝寒天爲深山開絕勝故將雙瀑作奇觀○先忠端公詩越嶺尋幽處行行幾曲涯忽驚途欲絕數轉地逢奇峭壁當空出飛湍帶石移難將戴顧手畫出景淋漓○胡廷試詩偶

隨山水課新秋結客少年挾壯遊細雨斜風古廟裏不堪啼鳥一聲幽○清煙濁水偶相關不啻崎嶇風雨間踢盡四山來霽色聲聲帶得暮蟬還○余有詩云古寺荆榛滅舊蹊近來一字出新泥秦山鷲鼻無消息猶勝秦碑沒處稽山僧掘地得碎石中有院字乃古碑也○剡湖曾是宋名郵故老云亡孰討論猶喜霜風吹不盡尚留玉箸在藤門有剡湖古蹟四字為秘圖山人楊珂所書

黃箭山　有龍湫禱雨多應有松陽湖洪武間始廢有黃竹浦元柳道傳所謂延連黃竹浦隱見白龍堆者是也有潛水臺在山坳間下為白龍潭

南雷　有山曰大雷小雷唐陸龜蒙曰謝遺塵者有道之

士也嘗隱於四明之南雷一旦訪余來語不及世務以山中之奇者令各賦詩余因作九題蓋魯望因遺塵而知有四明後人則因魯望而知有遺塵四明山之大雷峯有三處一鄞一奉化一餘姚魯望言遺塵隱於南雷不言隱於大雷唯餘姚雷峯之下名南雷里其可證者宋之會稽志晉咸寧間南雷廟碑是也不知後人何緣凡於大雷峯皆牽引遺塵乎且大小雷峯在餘姚邑南故曰南雷大雷峯之在鄞在奉化者皆邑西於南雷無所取義矣廟前有大樹幾百圍空中可容數十人下窪爲微泉今廟遷樹拔非其故處矣有怪溪潭相傳溪中有怪一僧齧指書南無二字於石壁怪遂不作有鹿宕其下石壁亙空欲墮飛瀑若

巨絙縛之有石洞在旁未有窮其勝者

菱湖山　張東沙寧郡志曰漁湖在四明山中相傳爲漁湖福地或云卽四明山心是也推尋福地無漁湖之目雲笈七籤曰第六十三福地菱湖漁澄洞在古姚州西始皇先生皇初平曾隱此處而後知卽餘姚之菱湖也其稱古姚州者案唐地理志曰餘姚武德四年以縣置姚州七年州廢天地宮府圖是司馬紫微所集其時州廢已久故稱古姚州後之刻說郛者則曰湖魚洞在姚州西上下皆脫一字夫菱湖爲山名魚澄爲洞名漏脫不成文義寧志因之而又倒置之曰漁湖益不可究詰矣其嶺高峻故語云事好省莫上菱湖嶺元王孚避地於此

䳒山　高僧傳曰支遁先經餘姚䳒山中住後病甚移還䳒中以晉太和元年閏四月四日終於所住春秋五十有三即窆於䳒中厥冢存焉即今下䳒是也有嶺曰清賢謝太傅與支許往來故名有牛眠石有白蓮池亦支道林故蹟也有太初泉出於石壁之隙有攷古臺明初趙撝謙築之以著聲音文字通者也

靈源山　以許玄度所居里名曰許郵有泉曰靈源不以旱澇增減宋樓扶曰越多名山水經晉人遊覽處又輒不同坐靈源面烏膽一峰高入雲表元方九思曰過許郵之靈源與慈谿行青煙中山遠而平溪清而繞四望如碧蓮葉

蓮花山　地名竹橋宋孫嘉曰有井曰梅仙子眞嘗汲以鍊丹東接娥江之勝南通古剡之幽烏膽嵯峨乎其後蘿巖揖遜乎其前左鄰白水右帶青煙山川之氣融結於此

羅壁山　孔曄會稽記曰有漢虞國墅襟帶溪水表裏疇苑洛陽人來云巖圍大勢具體金谷郗太宰徧遊諸境棲情此地每至艮辰攜子遊憩後以司空臨郡遂卜居之案晉書愔與姊夫王羲之高士許詢並有邁世之風築宅章安有終焉之志晚居會稽卽此地也今郗家池是當年故址謝靈運山居賦所云郗氏奧是也其巔有龍門洪武五年九日邑人宋無逸崑山顧雲屋登高賦詩於此有三國虞仲翔墓仲翔嘗建亭於山之西麓在豎玉山有來鳳之祥因

名鳳亭今亭山遺址尚存
宋華鎮詩山列翠屏圍碧落水流鳴玉繞平田郗家池館雖蕪沒金谷形容宛自然○明宋元僖詩玉山有客尋佳處金谷何人比此山溪閣幽居青樹裏風泉遠落白雲間燈明春夜看圖畫地主年華集佩環隔水桃花深幾許洞門斜日未須關○羅壁山形似金谷今人誰繼古人遊龍門雪色入鳥道顧老霜毫追虎頭高情脫略風塵迹遠眼冥迷草木愁客底敝裘能忍凍畫圖不許世人求

四明山志卷一

四明山志卷二

遺獻黃宗羲輯

古吳後學周　靖　訂
姪　炳
男　百家　仝校

伽藍

仗錫延勝寺

唐龍紀元年石霜下長政二僧肇基天祐三年吳越王賜金額十傳逮宋之天聖四年修已自太白山來主寺事人奉之爲第一代祖寶元二年敕名仗錫延勝院傳五十二代至元末困於徭役僧徒散亡有仁讓者起而興復起予繼之求慈谿烏斯道補撰碑文寧波志云唐龍紀元年天

童山紀禪師飛錫至此建立按天童修己爲谷隱聰之法
嗣宋天聖間人經始於龍紀者自是僧長懸隔異代乃牽
合爲一失其實矣○烏斯道銘曰東南之山維明爲盛維
明之山仗錫爲勝高設於天閟司於神其在元古豫俟哲
人哲人伊誰張於佛氏藤湖之長太白之己有廓其址有
歸其廬建業之始倡道之初名聞雷厲學徒雲集繼兹席
者代踰五十匪山之靈胡底於成匪祖之聖胡底於寧元
運之末根柢既絕讓予者出式茂其蘖以隆千淑斯承其
傳克懋於後斯昭於先伐鼓考鐘環居列食心祖之心庶
幾朝夕有章有程有聲有輝俾四方士於焉是歸
修己與浮山遠公遊嘗卓菴廬山佛手巖後至四明山

心獨居十餘載虎豹爲鄰嘗曰羊腸鳥道無人到寂莫
雲中一箇人其後道俗風聞而至遂成禪林
崇堅嗣法自得暉淳熙間曾主仗錫
炳同字野翁新昌張氏嗣法大川濟宋亡之日避迹仗
錫十二年出補華藏三載復還仗錫扁其室曰晩泊閉
戶書法華經有老來非厭客靜裏欲書經之句一時遺
老家則堂文本心黃東發舒閬風周伯弼咸與之遊
釋平[redacted]樓鑰有答平老詩老我平生不願餘歸來但欲
賦閒居灌園自足供朝膳且奉夫人御版輿
安大愚明初住持餘姚宋元僖寄詩云四明山中仙佛
居世界自與凡人疎藤蘿諸天映微月樓閣孤禪棲太

虛金錫何年閟寶地石窗有客寄丹書生平欲往已衰
老路遠安得乘籃輿
象初乾初主寶蓋遷於仗錫永樂元年秋七月成祖召
天下僧校正三藏敕赴京師館於天禧明年事竣還住
寧波天寧
元中趣永樂中住仗錫古春蘭送之詩云仗錫千峰頂
高居絕世緣細泉甘勝蜜香土美如饘鹿過花臺雨烏
啼蘿徑煙永明無別旨萬象自談玄所謂香土美如饘
者流傳修己建寺之時斸土以充饘乏其後寺僧皆於
修己諱日鳴鼓集衆展鉢食土以爲故事
雪竇資聖寺

唐會昌元年立咸通八年重建賜名瀑布觀音院光啓中賊裘甫燬常通來自宣城領衆開山宋咸平二年改爲雪寶資聖寺仁宗嘗夢至名山詔圖天下山川以進披覽及於雪竇恍與夢合特敕賚其寺僧淳祐四年理宗御書應夢名山四大字賜之寧波志云宋理宗嘗夢其處非也寺有歷代甲乙住持譜崇禎間司李黃端伯攜歸官署遊僧冒領以去相傳遂不可考〇宋太宗敕朕聞三教出與爲法不同同歸於道道也者變通不測之謂也自非識洞杳微理窮性命未有能宏通者也朕聽斷之暇無畋遊聲色之好述成祕藏詮逍遙詠幷佛賦囘向共三十餘軸遣內侍同僧守能賚賜明州瀑布觀音禪寺與宗鏡錄同歸藏

海俾僧看閱免滯面牆坐進此道乃朕之意也淳化三年二月一日○眞宗敕若稽古太宗皇帝道優一貫學總九流精義入神豈專門之可擬衆流歸海非異味之能名先聖後聖其揆一也今檢會淳化以後賜至東浙瀑布寺仍賜祥符金寶牌住持師號命服歲度僧一員虔守州縣不許徭役以稱朕承奉先志之意大中祥符四年四月二日○仁宗敕朕荷祖宗之休丕承洪業未嘗不虛懷逸士仄席幽人雅聞天台之石橋近接四明之雪竇智覺之遺風尚存應眞之靈迹儼在慨想名山感形夢寐今遣內侍張履信賫沉香山子一座龍茶二百斤白金五百兩御服一襲表朕崇奉之意監司守臣特免徭役禁人樵采每歲誕

辰許於東上閤門進功德疏一道度僧一員以奉香火係
國安民永我休命景祐四年十一月二十七日○慶元府
雪竇住持僧廣聞記淳祐五年冬皇帝親灑宸翰應夢名
山四大字賜雪竇資聖禪寺奎壁之光自天而下巍巍煌
煌鳳翥鸞翔照映林壑郡國爭先快睹咸曰德至渥也臣
竊伏惟念自有宇宙便有此山發祥闡珍端俟昭運維仁
皇神耀得道疇華極治民陶太和夢流八極之表有開必
先雙流效奇珠林含秀乃詔職方氏圖天下山川以進淵
覽超然默契聖心宣賚優隆且許歲供壽疏於東上閤門
自是雪竇之名疊耀丕奕今皇帝仰繩祖武紹開人文日
者延舊學元老進績緝熙之暇從容奏請肆筆而成前徽

彰明下飭萬物遂使窮崖草木衣被慶雲猗歟盛哉仁皇之心佛之心也今皇帝之心仁皇之心也前聖後聖其歸一揆惟佛與佛乃識其眞可以賀是山之遭矣臣職汎除幸對揚天子休命仰瞻層霄歸美莫報謹奉宸翰而庋閣之登揭戸冊以鋟樂石傳視萬古用侈兩朝殊特之遇六丁豐隆呵禁護持歷刧贊揚所不能盡敬以拓本上御府而記其榮於下方越明年四月初吉記

常通俗姓李邢州平恩人也年十三入鵲山求師二十於本州開元寺具戒尋往京兆薦福寺聽習經律南來嗣法於長沙岑咸通末宣城崔尚書寓於謝仙山奏置瑞聖院以居之文德初領徒至四明大順二年郡守黃

晟請居雪竇天祐二年七月九日卒年七十二僧臘五十二墖於寺西南隅贊寧曰或謂通臨終言我龎勛也此非也高僧無作爲行錄而無此說若觀年臘龎勛豈正弱冠來逃難邪常通之爲龎勛雖不可知若以年臘論之史稱咸通十年九月癸酉龎勛伏誅此逃難之年也以天祐二年通卒七十二推之則勛之逃難年三十有六矣非弱冠也然按雪竇有黃巢墓周密癸辛雜識云張全義爲西京留守識黃巢於羣僧中後住四明雪竇山卽雪竇禪師也且黃巢以中和四年七月壬午伏誅其至文德初四年耳通之領徒而至焉知非巢之變姓名乎則所謂臨終自言者黃巢而非龎勛也贊寧誤

記之耳不然常通既爲龐勛又以誰氏禪師當黃巢邪與各傳記不合矣○方干題雪竇禪師壁詩飛泉濺禪石餅注亦生苔海上山不淺天邊人自來度年隨檜柏獨夜任風雷獵者聞疎磬知師入定回以時按之是贈常通者也

延壽字沖玄餘杭王氏子總角之歲持誦法華七行俱下投四明翠巖參出家尋往天台天柱峰習定有鳥巢於衣裓謁國師一見而深契之密投玄旨周廣順二年住雪竇上堂雪竇這裏迅瀑千尋不停纖粟奇巖萬仞無立足處諸人向甚麼處進步僧問雪竇一徑如何履踐壽曰步步寒華結言言徹底冰偈曰孤猿叫落中巖

月野客吟殘半夜燈此境此時誰得意白雲深處坐禪
僧吳越忠懿王請開山靈隱新寺遷永明著宗鏡錄一
百卷詩偈賦詠凡千萬言播於海外高麗遣使齎書敘
弟子之禮開寶八年十二月二日示寂賜號智覺
清簡錢塘張氏子爲人孤潔時謂之簡浙客嗣法於歸
宗柔晩居雪竇而終宋孝宗贊其像云百尺竿頭猶進
步殺人須是猛烈漢㡀衣糲食未爲貧中有明珠價億
萬
行緣建安許氏子嗣黃龍南宋太宗淳化三年敕賜大
藏景德四年示寂塔於本山年七十二
然廨城李氏子祥符三年賜紫衣師號塔在本山

重顯字隱之俗姓李氏遂州人也益州普安院出家元瑩講圓覺疏於大慈寺顯往復送難瑩不能屈曰吾聞南方有得諸佛清淨法眼者彼待子之求也久矣往詣石門聰居三載機緣不契轉叩智門祚之席遂得頓悟出世蘇州翠峰曾會守明州請住雪竇賈侍中奏加明覺之號在寺三十一年一日遊山四顧周覽謂侍者曰何日復來門人乞遺偈顯曰平生唯患語之多矣皇祐四年六月十日示寂年七十三僧臘五十塔於寺之西塢呂夏卿爲之銘○同于祕丞賦瀑泉大禹不知鑿來源亦自成色應憐衆白聲合讓孤清遠勢曾吞海飛流未噴鯨靈槎如可泛天際問歸程○雪竇漫興春山亂

疊青春水漾虛碧寥寥天地間獨立望何極○日暮遊東澗極目生晚照幽情春蘭芷白蘋葉裏風不在秋江起○送僧下雪賫雲衣輕拂下層巒松桂生風觸袖寒誰問親遊乳峰意百千年後與人看○寄太平瑞和尚千朶危峰杳靄間石房長帶瀑聲寒鳥啼花發尋常事松木青青雪裏看

韓大伯修苦行於大陽重顯時爲知客與客論趙州宗旨大伯侍其旁匿笑而去客退顯數之曰我偶客語爾乃敢慢笑笑何事大伯曰笑知客智眼未正擇法不明顯曰豈有說乎對以偈曰一兔横身當古路蒼鷹才見便生擒後來獵犬無靈性空向枯椿舊處尋顯陰异之

結以爲友後顯住雪竇法席之盛號雲門中興顯嘗經
行植杖衆衲環之忽問曰有問雲門樹凋葉落時如何
曰體露金風雲門答遮僧邪爲解說邪有宗上座曰待
老漢有悟處卽說顯熟視驚曰非韓大伯乎曰老漢瞥
地也於是令撾鼓衆集顯曰大衆今日雪竇宗上座乃
是昔年大陽韓大伯具大知見晦迹韜光欲得發揚宗
風幸願特升此座遂升座一衆大驚
惠金爲雪竇典座重顯問其名對曰惠金顯曰阿誰惠
金曰容少間到方丈致謝顯曰卽今蹔曰者裏容和尚
不得
釋持南昌劉氏子嘉祐八年示寂壙於寺之西北雪竇

志云治平癸卯非也治平無癸卯

惟則嗣法棲賢湜

曇穎號達觀錢塘丘氏嗣法谷隱聰梅堯臣有送住雪竇詩朝從雪竇請暮卷雲衲輕莫問居士病自從他方行吳霜點髭根海鳥隨衆迎安隱彼道場萬事都忘情處山無厭山林鳥正關關月入潭心白花明谷口閒采薪能自至流水不知還聞欲觀滄海高峰峻亦攀政和五年建亭於山麓以憩行人○曇穎遊上雪竇詩下雪竇遊上雪竇過雲峰後望雲峰如趨仙府經三島似入天門徹九重無日不飛丹洞鶴有時忽起隱潭龍只應奉詔西歸去此境何由得再逢○曇穎有四明十題梅

堯臣和之雪竇山云重雲不藏春深竇常有雪曉月號松猿晴壁挂海霓終恍無心人區區佩環玦龍隱潭云老龍戀潭窟不雨亦不雲吐涎出溪滑吹腥隔林聞疾雷驅未去魚鼈競紛紛含珠林云山爲驪龍盤谷作驪龍頤珠樹存其間誰采明月來何須循海隅笑蚌未成胎偃蓋亭云既將茅覆檐復有松爲蓋五里入山時憩此得寒籟曾無康樂遊但見雲衲會雲外菴云山僧好寂靜入雲恨不深峰間一雨昏林表孤燈沈往來有猿狖呼嘯自成音石筍峰云巨石如龍孫聳聳壓霧裏明明落溪口納納喧灘齒何當助齋盂蕑蕃徒爲美宴坐巖智覺於此不寐云心危身亦危衽席尚顛墜如何巖石上來

坐自安意能踰死生間無論寤與寐三層瀑云山頭出飛瀑落落鳴寒玉再落至山腰三落至山足欲引煑春山僧房架刳竹丹山洞云山無鳳皇飛洞有仙人迹蝙蝠大如鵶莓苔徧上屐自慙無道骨安問緣雲客師子巖云巖形若獶猊不能千里走豈無鳥獸羣與假風雷吼寄謝棲息人想像眞妄有

知和崑山張氏從南岳辨遊叢林以爲飽參元符間住雪竇之中峰栖雲兩菴山之前妙高臺前有石突出下臨無地其旁古藤一枝和盤屈成龕常偃坐其中名曰藤龕獨處二十年初與普交同參泐潭盟曰他日吾二人當踞孤峰絕頂目視霄漢爲世外之人不可作今時籍名

官府屈節下氣於人者及交開法天童訪舊至山和竟不接和雖絕物然有志於道者多往見之主雪竇者嫉其軋己郡守聞其名問於主者主者曰常僧耳和遂題偈於壁徙居仗錫山後又遷二靈宣和七年四月十二日示寂和住雪竇時常有二虎擾側元大德間栖雲菴毀虎爲人患至元二年復建菴祀和其患頓息按妙高臺有伏虎洞此虎在雪竇之證也而傳燈錄移之在二靈但以爲知和故事不必辨其何山也○偈曰竹筧兩三升野水窗前五七片閒雲老僧活計只如此留與人間作見聞其二曰十方世界眼前寬拋却雲菴過別山三事衲衣穿處補一條藜杖伴清閒其三曰自從南岳

來雪竇二十餘年不下山兩處住菴身已老更尋幽谷養衰殘觀此則和去雪竇其年已老傳燈錄云住二靈三十年者非也其四云黃皮裹骨一常僧壞衲蒙頭百慮澄年老嬾能頻對客攀蘿又上一崚嶒

釋詮嗣法曇穎

遇新嗣法雲居齊

法雅嗣法蔣山元有機語在五燈會元

覺印字道榮明州陳氏嗣法長蘆夫

行持盧氏明州人嗣法象田卿嘗住餘姚法性貧甚有頌曰大樹大皮裹小樹小皮纏庭前紫薇樹無皮也過年後住雪竇雪竇在四明與天童育王俱號名刹一日

同見新守守問天童覺山中幾僧對曰千五百又以問育王諶對曰千僧未以問持持拱手曰百二十守曰三刹名相亞僧乃如此不同邪持復拱手曰敝院是實數守為拊掌

懷賢字濬道俗姓何氏永嘉人也從嗣仁出家於郡之西山初叅瑞新具知宗門承襲賓主之事最後見曇穎聞所開示類皆世緣俗諦或雜以嵬瑣談諧之言嘗以事斥一僧去每升堂輙追罵至累日猶不已賢心陋之乃詣方丈面數其過穎頷而不荅賢因此省悟始以信香嗣穎法歷住瑞竹龍游圓通熙寧末明州以雪竇請賢以疾辭史館刁約曰雪竇東南名山二十年間請者

三至可謂勤矣今又不赴無乃孤其望乎賢不得已由海道行北轉海門遇大風檣敗至慈谿之東岸舟破從者百餘人皆散走賢獨安坐水中從者還救之乃免居雪竇一年謝去節度使李端愿奏賜號圓通大師元豐五年九月示寂年六十七臘六十三秦少游狀其行

釋聞

省宗嗣重顯法初充雪竇化主至興教院值釋坦升座宗機語不契拂袖歸衆坦召宗至方丈復理前語宗始禮拜按五燈會元重顯法嗣下有稱心省倧當卽一人也

守卓號法藏嗣圓照本法有偈云陽回幾次到新冬壞

衲寒爐也不窮白馬靜馳天外影紅顏偷過耳邊風是
非未起名何在物我兼忘境自空記取雲巖巖上語莫
敎孤負主人翁

法寧俗姓杜氏衢州人嗣保寧英法

釋明嗣長蘆和法

善暹初叅德山後至雪竇謁重顯顯喜其俊逸曰海上
横行暹道者遂命分座說法顯欲其住持金鵞暹書二
偈而去不是無心繼祖燈道慚未廁嶺南能三更月下
離巖竇眷眷無言戀碧層二十餘年四海間親師擇友
未嘗閒今朝得到無心地却被無心趁出山

嗣宗號闡菴歙州陳氏爲天童覺所印可歷普照善權

翠巖最後住雪竇終於本山墖在寺之西南隅樓鑰智鑒墖銘所謂宗白頭機鋒峻峭者是也

智鑒號足菴俗姓吳氏全椒人也初至長蘆天童宗珏時爲首座一見指爲法器習静於象山之鄭行山海岸孤絕百色妖露鑑不爲動深定中豁然開悟遂出求證於知識復遇珏岳林得相印可嗣宗主雪竇挽鑑同行荷負衆事會法堂新飭命鑑普說宗歎曰吾生有耳未嘗聞也歷住棲眞定水廣慧香山報恩淳熙十一年始主雪竇作錦鏡池以畜飛雪上流爲一山奇觀紹熙二年謝事止於寺之東菴三年八月示寂墖於山左壽八十八臘五十三○寺志以智鑑足菴分爲二人不知足

菴爲智鑑之號又以雪竇雜詠三十首爲智鑑所作然雜詠中有御書亭亭造於淳祐六年智鑑卒於紹熙相去五十四年作雜詠者別是一僧鑑也

寶印號別峰嘉州李氏嗣法華藏民歷主保寧金山雪竇徑山紹熙元年十二月示寂

慧暉字自得上虞張氏依澄照寺道凝出家嗣天童覺法紹興七年開法補陀歷萬壽吉祥雪竇淨慈淳熙七年退歸明州時法恭主雪竇言於范大參讓之慧暉十年十一月示寂窆於重顯墖右

釋燧嗣天童覺

德雲

文煥皆嗣自得暉法法一字貫道祥符人得法於圓悟
勤尚書梁汝嘉守四明挽居雪竇紹興七年卒於長蘆
孫覿銘之
宗杲賜號大慧普覺禪師宣城奚氏紹興末奉朝命居
育王其語錄有雪竇上堂則是主雪竇者請之也
法恭號石窗奉化林氏出家棲眞院依天童覺得明大
旨歷主光孝能仁報恩彰聖瑞巖淳熙間范大參請住
雪竇慧暉歸自淨慈恭以雪竇還之復居瑞巖八年八
月示寂樓鑰銘其墖爲人嚴冷丞相魏公謂自得如深
雲中片石石窗則空門之御史也
如湛嗣育王諶法紹興末雪竇火寺悉煨燼隆興元年

湛主嗣事始建佛殿

淨全字無用越州翁氏嗣大慧杲法自贊曰匙挑不上箇鄮夫文墨胷中一點無曾把虛空揣出骨惡聲贏出滿江湖

智融初名邢澄以醫入仕官至成和郎居臨安萬松嶺年五十棄官謝妻子祝髮入靈隱出遊徑山匡廬閒雪竇之勝遂投迹爲終焉計以善畫名尤好作牛出於范牛而妙處過之因自號老牛智融雪竇多蛇乃作二奇鬼於壁一吹火向空一蹋蛇而掣其尾蛇患遂除而時有火警或者病之又於火端作土梟梟聲爲之革嘗畫龍首半體禱旱輒應其適意時嚼蔗折草醮墨以作坡

岸巖石尤爲古勁間作物像不過數筆寂寥蕭散生意飛動或極力摹寫亦有形似而遽不及遠甚樓攻媿鑰嘗寄匹紙求畫融久不與攻媿以詩迫促之曰古人惜墨如惜金老融惜墨如惜命又曰人非求似韻自足物已忘形影猶映地蒸宿霧日未高雨帶寒煙山欲暝融始爲之作歲寒圖作詩不多語意清絕自言若得爲僧三十秋瞑目無言萬事休紹熙四年五月卒年八十計其五十棄官之日僧臘適符三十也

僧彥泉南程氏嗣慈航樸法門庭高峻門人不親彥曰我豈以佛祖爲奇貨而求售於人紹熙三年八月示滅瘞於東山釋寶曇銘之

慧心輝

南岳辨

行明姓于氏少投延壽於雪竇祝髮後主能仁大和二

剎咸平四年示寂

仁勇明州竺氏謁重顯於雪竇顯誚之曰央庠座主勇

憤悱下山望雪竇而拜曰此生叅學不過顯者誓不歸

鄉往泐潭謫紀疑情未泮聞楊岐能鈐鍵學者直造其

室不發一言頓明心印其後住保寧而終

道寧歙溪汪氏依雪竇老艮踰一年其後得法於五祖

演大觀中潭帥席震請住開福

處南號野雲嗣法無用全曾主雪竇

釋範號無相嗣法松源岳後主雪竇

廣聞號偃溪侯官林氏嗣法徑山琰歷主小淨慈香山

萬壽雪竇育王淨慈靈隱徑山八刹景定四年示寂

仲謙號大敬義烏應氏嗣法松源岳住持雪竇十年有

送僧偈曰輿化當年打克賓叢林千載話猶存雲黃有

棒且高閣只麼煎茶送出門承議郎樓扶銘其墖

大夢因

師範字無準姓雍氏蜀之梓橦人侍破菴先遊石筍菴

有問胡孫捉不住乞方便法門先曰捉他作什麼風吹

水面自然成文範在菊平生凝膺之物一時頓釋歷住

清源焦山雪竇育王徑山賜號佛鑑理宗召見於脩政

殿淳祐九年示寂

炳同字野翁已見仗錫下晚主雪竇以寄幻顏其室元大德六年示寂壽八十臘六十八提刑牟巘銘其㙮○送僧之華頂見溪西詩高高峯頂屹雲中八十溪翁也眼空相見莫言行脚事累他雙耳又添聾

善來號石門象山樊氏嗣法大川濟嘗作剪刀頌曰渾鋼打就冷光浮兩刃交鋒未肯休直截當機爲人處何曾動著一絲頭至元十七年住持雪竇二十五年四月大火惟涅槃堂存來復重建三年而工畢本堂陳著記之○寺志分善來石門來爲二人非也

智號別山見師範於雪竇而嗣其法後主天童

大證字無印番陽史氏依雲外岫於天童其後主雪竇
四年退居慈之定水至正二十一年九月示寂徐勉之
銘其墖
了惠號西巖蜀之蓬州羅氏初叅高原泉於瑞巖機累
不契泉曰汝緣不在此其往見雪竇乎時師範主雪竇
惠造席下遂嗣其法歷住大刹終於天童景定三年三
月示寂
淨日號東巖都昌廖氏嗣法了惠歷主大刹歸隱雪竇
大德四年起主天童至大元年示寂
霍山昭嗣法大歇謙曾主雪竇
夢眞號覺菴宣州人過雪竇大歇謙鉗鍾令成法器後

主蘇之承天

紹曇號希叟西蜀人嗣師範法後主雪竇有寄天目和尚偈曰翁翁八十再生牙爛嚼虛空吐出查撒向玲瓏巖畔樹枝枝葉葉是曇華

方巖垠嗣法師範曾主雪竇

祖瑛號石室姓陳氏蘇之吳江人嗣晦機熙法嘗主雪竇後謝事歸吳江宗衍送之詩曰草堂舊在吳江上江水江花照眼明久客歸來渾似夢比鄰相見不知名尊香笠澤思張翰瓜熟青門憶邵平一夜西風吹白髮挑燈因自賦秋聲至正三年示寂

汝霖字笠田昌國王氏從梅澗福出家於慈谿永樂寺

嗣法止泓鑒主雪竇三載移萬壽而終至元五年卒

懷以仁講師也明初徵至京師宗泐有送懷歸雪竇詩

此日重歸乳竇峰筍輿十里度松風月明谷口聞猿嘯

雨過崖前見虎蹤下界任從滄海變舊房應許白雲封

暮年相送情何限安得還山志願同

奉慈禪寺

咸通八年號奉國院宋治平二年始有上雪竇之稱○宋

陳舜俞詩一宿禪關萬慮空明朝更上十餘峰山依碧落

不多遠人在白雲無數重木末疎鐘驚虎兕門前瀦水穴

蛟龍勞生正負林泉約猶喜官閑此處逢○謝翺詩眠山

枕斧柯獨客愛盤阿畏日生塵夢尋仙到鳥窠下方聞夕

磬南斗挂秋河寢服侵雲卷頳泉通瀑和竇分滄海月禪入沃州歌雪竇師剡人此地精靈聚中宵弄薜蘿○明孫勝詩迢遞叩禪關來尋半日閑寺前重問寺山上更登山竹徑眠黃犬松林挂白鷴朗吟天廣大日暮欲忘還○呂時詩初意極幽險寧辭路轉賒春生天竺國佛在比丘家寶積經年雪巖開閏月花山人狂欲墮萬壑怒谽谺

中峰菴

智覺有中峰夜坐詩見延壽條下僧鑑雪竇雜詠云特立羣峰表危然勢不傾禪心清似洗坐看月華明

棲雲菴

在妙高峰知和所住

乳峯菴　乳竇菴
其山之最高者乳源所從出謂之乳峯菴當其下僧鑑詩云厓竇乳堪㲉凝眸翠作屏老禪初定起山鳥自呼名
雲外菴
曇穎之所棲也歐陽文忠未第時穎從之遊嘉祐四年遺書別刁景純升座諭衆而逝
西麓菴
在雪竇之西坑宋陳著有詩山間築屋占西坡小小規模淨似磨兩壁鼓鐘來雪竇四圍松竹護雲窩軒窗有趣高僧遠門戶無遮俗客多我寄前林時一到未知風月意如何其二躡徧山南紫陌間轉西尋麓更幽閒菊花數本竹

邊路茅屋數間溪外山巧著軒窗隨上下賸留書畫在中間是菴信美非吾土自有菟裘足往還○雪竇所屬此外更有華菴東翠菴集福菴直舉菴

桃花塢

其菴爲孤峰德所結在俞郵明李濂詩高僧飛錫地錦石明桃花吾非勾漏令此乃逢丹砂雲中吠仙犬澗底流胡麻定有逃秦者人煙隔暮霞

明德字孤峰姓朱氏家明之昌國出家金鵞院見明極俊於雙林爲其所契會日本迎俊爲國師德送至海濱而笠一田霖自雪竇至見德氣貌不凡延歸山中以第一座處之遂嗣霖法己邀仲方倫結菴桃花塢相與激揚

翻閱華嚴大經足不踰戶限者五載元末住持淨慈洪
武五年示寂
黎洲寺
剡源戴表元曰四明洞天之麓有三僧刹其陽爲雪竇其
陰爲仗錫黎洲黎洲寺咸通十一年僧曇遠建今廢
大梅山保福寺　護聖寺
大梅山在餘姚之南七十里漢梅福舊隱處也中多龍穴
神蛇吐氣成樓閣雲雨晦冥邊有石庫內貯仙藥神仙經
籍貞元十二年法常自天台至此寄宿於房夢神人語之
曰石庫中聖書懸記既往將來之事受之者爲地下主不
然亦帝王師傅常曰吾以涅槃爲樂石庫之書非吾所好

神曰此地靈府凡人居此立致變怪常曰吾亦寓跡非久
據也於是編苫伐木粗爲結架開成初徒侶輻湊巍然遂
爲林院保福爲舊址護聖則法常搶院也
法常姓鄭氏襄陽人也叅馬祖一得悟遂之大梅縛茅
燕處人無知者有僧采拄杖入山見之囘至鹽官以其
語舉似齊安安曰我在江西時曾見一僧自後不知消
息莫是此僧否遂令復入招之常作二偈答之摧殘枯
木倚寒林幾度逢春不變心樵客遇之猶不顧郢人那
得苦追尋　一池荷葉衣無盡數樹松花食有餘剛被世
人知住處又移茅舍入深居道　一聞常在大梅亦使僧
問之僧囘述其言　一曰梅子熟也開成四年九月示寂

年八十八臘六十九進士江積爲塔銘一池荷葉乃許宣平答李白詩

龎蘊字道玄衢州人也訪法常於大梅問久嚮大梅未審梅子熟也未常曰熟也你向甚處下口蘊曰百雜碎常伸手曰還我核來

道悟姓張氏東陽人初印可於徑山國一大曆十一年遁跡餘姚大梅山層崖絕壑夐無鄰落七日不食猱挺更饋橡栗樵人見之詫爲神异詣者成市危楝斯具其後出主天皇

慧明姓蔣氏謁法眼於臨川師資道合尋囘大梅山菴居吳越部內禪學者雖盛而以玄沙正宗置之閫外明乃整而導之吳越忠懿王賜號圓通普照終於杭州報

恩

居煦嗣法雲居齊住持大梅

祖鏡字法英明州張氏嗣法九峰韶住持大梅宣和初敕天下僧尼爲德士鏡進老子解得賜冠佩明年秋詔復僧尼鏡爲道士如故紹興初擊鼓集衆戴樺皮冠披鶴氅象簡朱履升座每宣一偈擲一物於地擲畢而逝

希璉號石喦潮陽馬氏嗣法松源岳住持大梅

有照號寂窗閩縣鄧氏天童鏡法嗣曾叅希璉於大梅林希逸嘗有詩贈之云老來得友如師少別去伊誰伴我閒

至明號鐵鏡福唐黃氏嗣法偃溪聞至元中住持大梅

大德四年始移何山延祐二年示寂

思珉號玉溪象山張氏嗣法於止泓鑒大德中住大梅保福賜佛心明妙之號

文述字無作慈谿孫氏見怪石奇於天童與語契合出世鳳躍山之等慈遷大梅護聖二刹皆衰陋述至申以約束退老花嶼湖柳道傳黃文獻皆以方外友待之

北麓菴　白雲寺　寶慶寺　五峰寺

在保福寺之上法常初縛茅處今廢不治由藤溪而上爲白雲寺由雙石嶺而下爲寶慶寺橫溪之東三里爲五峰寺其先皆屬於大梅者也蓋寶慶是法常第二代所建白雲則第三代所建五峰又是法常未入大梅所住

永固教寺

在丹小山唐光啓二年建名三石院宋天聖十年改永固院今爲寺

安巖禪寺

漢乾祐二年僧淸聳建名四明院宋天聖中徙入山慶曆間改安巖法華院今爲寺有亭曰攬秀

淸聳福州人閱華嚴得悟法眼印可之囘止明州四明山卓菴節度使錢億執事師之禮忠懿王命於臨安兩處開法後居靈隱上寺署了悟禪師

上乘教寺

在茅渚唐咸通九年建名乾符院宋治平二年改離相院

洪武初改寺今廢

報本教寺

在斑溪元大德五年僧正思建

聖壽寺

在小溪晉刹也

青修寺

在青修嶺有雞籠石築墖於上

天井寺

賜額天壽院建隆元年所置

前巖寺　妙智寺

皆在黃觀嶺

定光寺　松巖寺　空相寺

皆在二皎左右唯松巖寺重建

彰聖寺

在小溪本光啓之峒山大中祥符元年賜彰聖甲乙徒弟院嘉定二年樓攻媿請爲功德院賜報忠福善之牓法恭號石窗見雪竇寺乾道六年退居小溪之彰聖

釋益號楯堂溫州人東叟穎法嗣從明之太平遷主彰聖終於岳林其機語所謂彰聖今日將三十年前冷灰中爆出一粒烏豆換却老胡眼睛去者此也

灌頂寺

在山頂建隆二年置頂峰菴大中祥符三年改普淨院

寶積講寺
在莊邨唐清泰間名總持院後改今名
翠巖寺
唐乾寧元年名翠巖境明院宋參知張孝伯請爲功德院
賜翠巖山移忠資福之額
釋岑字令參安吉州人五代時住翠巖上堂一夏與兄
弟東語西話看翠巖眉毛在麼後遷龍冊
延壽（智覺已見雪竇）初爲華亭鎭將謝事歸遂裂縫掖投明州
翠巖岑公學出世法
妙堪號笑翁慈谿毛氏得法於天童無用歷住名剎退
歸翠巖築室起主育王而終

志理住翠山見宋景濂所撰孚中信塔銘

宗靜住翠巖嗣法於嗣宗嗣宗見雪竇

無慍字恕中號空室臨海陳氏歷參諸方得悟洪武七年日本國遣使聘之召至闕下力辭遂留天界十七年弟子居頂住鄞之翠山迎之就養四方叩謁者無虛日宋潛溪送嵗上人訪空室詩參禪第一要知宗四海唯聞老恕中白日青天轟霹靂孽狐妖魅盡潛蹤十九年七月示寂塔於唐嶴山

居頂住翠山洪武永樂時俱召對○詠雪竇詩岧嶢乳竇與雲齊百越峰巒入望低明覺遺風入道統昭陵夢境見宸奎林攢寶樹珠含雨花繞清池錦映隄二十餘

年湖海上何知今日始攀躋

雷峰律寺

在大雷今廢

資福寺

山門資壽山三字爲張即之書有蓮花池其花四色及雙頭白蓮

鳳舉寺

在林郁有靈泉泉從地中涌出相傳僧智囘卓錫取水水應錫而出

寶嚴寺

在建嶴山元和十二年立名孝義院大中祥符六年改寶

嚴講寺有二石檜有松竹亭其錫山二字爲張卽之書○
沈明臣詩山口帶湖脣秋光媚行客高樹半青黃澄潭湛
寒碧一徑入逶迤荒林鐘磬僻紀寺屢廢興殘碑在東壁
因知蕭夫子乃是穎士跡空墳僅千年但有荒苔色回首
問白雲何時再來得

鳳山院　天王寺

鳳山院古刹天王寺唐之講堂有超惠泉在天王寺北

興敎寺

咸通二年立名小溪興福院治平元年改今名

常樂寺

在櫟社釋芝所建有法華泉

雲溪寺

宋楊適記曰雲溪者謝山之別峰耳咸平四年余與饒州幕賓傅君經營其寺巖壑重複翠氣周延誠可愛矣乾寧而上院主未立光化初邑民楊魯出己之地以爲院郡牧黃晟尚釋氏命僧文懷主之次傳清俊俊傳奉恩恩傳愿宗嘉祐四年記

禪餘寺

晉天福中造治平二年賜名吉祥

白巖院

在石臺鄉

開壽普光禪寺

在車廒嶴寶祐二年史相建賜額爲功德院嵩之之墓卽

在西天峰下

可慶開山　第二代釋夔　第三代釋通

時敏嗣法佛鑑範初住甘露移開壽一時飽叅久証咸

來依止

景星　次介清　次慧雲　次惟敏　次希道　次起

予　次法匡

曇噩字無夢號夢堂慈谿王氏學文於胡長孺年二十

三爲僧嗣法元叟端初住慶元之保聖再遷慈谿之開

壽三轉於國清洪武初應詔至京以年老放還

周靖曰明初越中詩人劉孟熙唐處敬輩遊集曹娥祠

一僧敝衣坐船尾衆方分韻賦詩殊不之顧忽作禮云有襯韻乞布施一箇拈蕉字與之應聲云平明飯罷促高梢撐出五雲門外橋離越王城一百里到曹娥廟十分潮白翻晴雪浪花舞綠弄晚風蒲葉搖西北陰沈天欲雨臥聽篷韻學芭蕉衆驚曰公非噩夢堂乎遂邀入社

支山寺

晉開運二年立治平初改定慧院柳道傳曰支道林嘗往來於此

三峰寺

在三女峰下

石門寺

唐景福二年立治平間改額饒益

進虎子柳道傳曰石門山者宋之禪伯進虎子所棲隱

虎子與浮山遠逹觀穎薛大頭諸德同叅同遊

雲外岫明之昌國人嗣直翁舉初住慈谿石門後住天
童

化安講寺

在剡湖嶴後唐清泰元年建號化安院大中祥符元年改
賜普圓院宋元僖五月十四日過應平仲書塾其夜至明
日雨不止有懷藍溪許月山化安眞淨源詩天晴獨跨蹇
驢來準擬書堂一宿囘野色幾年違白首雨聲半夜落黃

梅南山樹對高僧立東浦花隨處士開親舊有懷難晤語出門流水沒蒼苔南洲洽有送坦達中住姚江化安詩深居亦矯俗用世非我期徘徊越隴阪所重遭明時商飈薄江渚蘭蕙幸未衰爲言采芳者何以遺所思

吳山正覺教寺

在雙雁鄉唐天祐元年建高麗僧永乾居之天福中吳越文穆王賜曰昭覺院宋治平三年改今名

明真講寺

在靈源山宋樓扶記曰過姚江而南郵以許稱即玄度所居里里有古道場支道林訪許時嘗講經於此二家金蘭逮今語尚氷雪治平中賜額寥寥數千載跡昭人昏鐘鼓

幾於泯響嘉熙三年妙銛來主斯席不數載化蕪鑠爲寶所内外粲然開門授徒法音演暢清風朗月悠悠我思安知玄度輩不在人間邪宋元僖曰吾鄉靈祕山物元所營有軒曰入翠曰逍遥有室曰觀樹有篷曰雪篷有閣曰怡雲曰西閣西閣之前有隙地植茶曰苦茶原植薇曰紫薇坡曰離卉林曰芭蕉亭閣之右偏有大沼瀦山泉而溢竇垣下入溝溝廣四尺泉流甘而潔經閣前不絕通溝植蓮有小木梁跨其上曰白蓮港港之前有地可遊息曰琅玕塢塢之左偏有小屋可宴坐曰桐陰舍其流循舍下注石竇以出而瀦於垣外曰白鷺池其曲曰灘鷲灣殿閣池館皆曲極其妙時海内兵興桴鼓之聲達於境内明眞當萬

山之秀而物無營搆之勝又可賞適故一時文人名士多
避地於玆
時阜字物元傳天台旨於息菴孜有詩名與白雲朱石
唱和白雲稱其流麗和平風度閒整洪武三年以高僧
徵至京館於天界無疾而逝
超果教寺
在羅壁山爲晉郗愔之故址天祐元年建號越安院治平
三年改今額其後重建遷於莫家湖側
雲頂聖壽寺
在雙雁鄉山頂至元十九年僧寶業建
至仁字行中番陽吳氏嗣法元叟端主蘄之德章嘗爲

蘇長公祠堂記虞伯生極稱其文有史筆未幾主餘姚
雲頂張潞國翥稱之今代能仁叟高風播海涯洪武初
召問鬼神之理仁對稱旨暮年從蘇州萬壽退院松林
十五年三月示寂

慶善寺

元方九思記曰過許邨之靈源行青煙中十里所踰嶺有
招提在青松綠竹間

蓮峰教寺

元揭傒斯記曰會稽姚虞之岐山水愈秀百態層出其山
自四明岧嶢起伏若萬馬馳坡勢可千里稍東顧見舜江
導海若呀然當其鋒於是如怒而郤倉卒結束有不能自

己之態大者迅拔而起抗首出臆上薄晻靄小者如鷲蛇脫兔駢聚附落而猶顒顒昂昂拱顧不暇有曰蓮峯者嶷如穎卓澤如玉温盤如有容餘峯莫之若也里人相與卜築巖左經始於至元十年訖元統甲戌丹塗碧甃鬱成寶坊蓮峯在天地間荒莽不知幾千年一際梵刹之興而山始見稱於人

明因教寺

宋孫囍記曰創於石晉天福五年吳越王開運給額福泉院宋治平改賜明因寶祐間比丘壽昌智份革而新之咸淳六年僧敬重脩令俗名竹橋寺

悟法院

在四明鄉天監元年建會昌廢大中元年重建號四明寺
天祐八年吳越王改東明禪院大中祥符初又改悟法

白雲慈聖寺

宋樓扶記曰白雲山窈而深號泉石嘉處唐閩中高僧巘
雲披荊而廬講餘白雲時時入戶晉開運間錫是名嘉定
十三年不戒於火僧世奇作而新之奇曾參野雲持身玉
雪不肯出世而能作出世間事如此○元黃義貞詩巘雲
寶刹誦瑤編屋上靈雲每見連知是蒼穹相表异却將瑞
氣鎮纏緜絪縕像護清虛界潔白光涵兜率天老我欲過
金子槩細探靈迹恨無緣

自緣號會堂臨海陳氏從四明白雲寺觀公爲弟子觀

愛其容止修雅言辭溫簡授之內典沓淩心要於日溪

泳尋還寧海創報恩寺賜號佛心普濟禪師洪武戊申

示寂宋景濂銘其墖

棲禪教寺

在下管唐開成三年立號錢溪院宋祥符初改今額

澄照教寺

唐淸泰間有鴛瓦飛墮其地驗之乃官山涼泉院物也又

聞鐘磬聲出沙石間居人搆茲靈驗請曇欣立寺墖焉祥

符元年賜名澄照

慧暉字白得幼依澄照道凝染削已見雪竇下

寶蓋寺

廣明二年僧乾峰立每當禪定奇雲若幢蓋覆之事聞賜
牓寶蓋按傳燈錄越州乾峰和尚不著住山

廣福寺

在太岳山宋帛道猷考室於此文帝詔立招提後唐清泰
元年改爲廣福

象田寺

古刹也自宋梵卿復興之後嗣祖法者相傳不絕已而凌
遲無一椽之庇且數百年邑僧大本始遷於東偏重立寺
捨

梵卿嘉興錢氏謁照覺總於東林始得豁然歷住海會
靈峰移越之象田象田久廢至梵復興

了演少依東山廣化聽秀公夜叅卽有省發徧謁諸方至衡陽宗杲一見器許謂其徒曰若輩如鍼刺窗紙微見光影耳演乃一踢鴻門兩扇洞開自臨安崇先移住象田

明方字石雨嘉善陳氏爲湛然澄印可出世象田上堂這片田地人人都有箇箇抛荒至勞象爲之耕鳥爲之耘梵卿禪師爲之灌漑郎念首座爲之擔糞古靈禪者爲之起撥今日衆中有肯管業者山僧有一紙契書交付拈拄杖示衆衆無語乃以與侍者云且收著戊子正月初三日撾鼓上堂曰人人藤斗笠箇箇水雲包若不倒斷一回還家依舊千里萬里只因你不能向异類中

行且道异類又如何屈指一雞二犬三豬四羊五牛六馬爲甚麼七不道未幾示寂

未詳寺𡎺

諸僧見於傳記未詳寺𡎺者

紹巖雍州劉氏凡百經書覽同温習自是遊諸方聖跡泊入吳會棲息天台四明山後挂錫錢塘湖水心寺持法華經陸地生蓮華觀者傾城巖搴而去之誓焚身供養漢國南王錢氏止之投身曹娥江又爲漁者挽之開寶四年坐亡

道行會稽梅氏至四明山保壽院智幽所出家拾薪汲水後居羅浮石室山精水怪往往驚鳴有老人再拜稽

頞云我居此中二百載因師冥感遂得脫去寶曆九年
疾終
無作字不用姑蘇司馬氏參學於雪峰存身入堂奧居
洪井十載乃遊會稽四明山有終焉之志吳越武肅王
召之出山作呈詩雲鶴性孤單爭堪名利關衡恩雖入
國辭痾却還山與奉化孫郃進士楊弇爲林下之遊梁
開平中卒
行修號性眞泉南陳氏生而兩耳垂肩參雪峰存得心
印後梁開平間至四明山獨栖松下說法則天花紛雨
又趺坐龍尾巖結茅爲蓋百鳥銜花飛繞所坐碧蒲當
膝處或拗其迹猶在後至杭之南山依石爲室吳越王

誕辰飯僧問今有眞僧降否永明曰長耳和尚乃定光佛後身也王趣駕參禮述永明之言修曰永明饒舌遂跏趺而逝今法相寺猶畱其遺蛻也

四明山志卷二終

四明山志卷三

古吳後學周　靖　訂

遺獻黃宗羲輯

姪　炳　仝校

男　百家

靈蹟

劉晨阮肇漢永平中入天台山是時四明天台合爲一山石窗乃是劉阮遇仙之所采藥至溪澗遇二女容貌絕麗迎歸食以胡麻飯山羊脯遂爲夫婦住半年天氣和適常如二三月百鳥哀鳴二人求歸甚切女曰罪根未滅使君等如此喚諸仙女共作歌吹送別二人還鄉子孫已傳七代欲還女家則路迷太康八年二人不知所至

劉綱字伯經後漢時仕爲上虞令與夫人樊雲翹同學道術於白君能檄召鬼神禁制變化之事嘗與夫人較術綱作火燒碓屋夫人禁之卽滅庭中有桃兩樹各咒一樹使相闘擊良久綱所咒者不勝走出籬外綱唾盤中成鯉魚夫人唾之成獺食鯉綱與夫人入四明山遇虎綱禁虎不動去則便號夫人繩繫虎頸牽歸牀側綱試術事事遜於夫人將昇天大蘭山有皁莢樹綱升樹數丈方能飛舉夫人平坐雲氣冉冉而去

梅福字子眞變姓名爲吳市門卒之後卽隱四明山所在著异故人傳以爲仙有四明山記其所著也

魏伯陽字雲牙上虞人與弟子入山鍊丹丹成之後伯陽

與一弟子服之入口即死其二弟子不服出山伯陽及死弟子即起而去附書伐薪人寄謝二弟子弟子見書始大懊惱或言鳳鳴洞即伯陽鍊丹之所也
干吉有神術爲孫策所殺嘗住太平山
王可交崑山人以耕釣爲事咸通十年櫂漁舟入江忽遇花舫招之入內有道士七人設燕奏樂噉可交以栗尋送之上岸則在天台山瀑布寺前越州廉使驗實以聞可交自是絶穀挈妻子往四明山二十餘年復出明州賣藥酤酒言藥則壺公所授酒則餘杭阿母相傳藥極去疾酒甚醉人明州里巷皆言王仙人藥酒世間不及道俗多圖其形像有患痁及邪魅者置之即愈後三十餘年却入四明

山不復出今人時有見之者

章全素南昌人從吳郡蔣生於四明山傭作甚怠時蒙笞罵蔣生學鍊丹每葺鑪鼎爨薪鼓鞴積十年而不成一日全素指石硯而謂蔣生曰先生好仙術亦能化此硯爲金乎蔣生慚而復罵之曰汝傭安知餘事全素曰某或能之蔣生叱其誕妄而退明日蔣生出外歸則全素已卒蔣生掩其尸於簣爲之具棺及發簣尸失所在已視其石硯化爲黃金光彩爛然蔣生始懊恨竟死於四明山中

俞叟隱居四明山從道士學却老之術後至荊州晦迹爲市門監時王潛節度荊南有呂生以故人子索遊潛不爲禮俞叟閔其飢寒延至舍中摧檐壞垣爲呂生具脫粟飯

夜既深取一缶覆地少頃發視見一人長五寸許紫衣金帶俞叟曰此王公之魂也旋責其薄待呂生失親親之道紫衣拱而受命俞叟曰呂生所需僕馬之外縑二百匹而已紫衣諾之復覆缶少頃發之則無所見矣明旦潛郎召呂生所貲一如其數

金庭客咸通中自剡溪金庭路由林嶺間將抵明州行三二十里在黎州六詔之間迷失舊路日已將暮遇道士留之宿於其家野蔬藥苗敻非世味有扣其門者云隱雲觀來日請齋既曉道士謂童子曰待我返方聽客去道士出客問童子隱雲觀去此遠近答曰五百里客驚曰五百里之遠師何時返童子曰頃刻耳俄而道士歸客辭去行二三里便

失向來所在

許碏自稱高陽人少爲進士累舉不第晚學道於王屋山周遊五岳名山洞府後從峨嵋抵江淮茅山天台四明仙都委羽武夷霍桐羅浮無不徧歷所到皆於懸崖峭壁人不及處題云許碏自峨嵋尋偃月子到此筆勢奇縱觀者莫不歎其神异竟莫詳偃月子爲何人也

吳筠字正節華陽人舉進士不第天寶初請隸道士籍待詔翰林見惡於高力士而斥遂遊四明天台蘭亭禹穴卒於會稽剡中弟子私謚宗玄先生

徐仙姑者隋僕射徐之才女也已數百歲狀貌常如二十四五善禁咒之術獨遊海內三江五岳天台四明羅浮括

蒼名山勝賞無不周徧多宿巖麓林窟之中有豪僧數輩
侮之忽偃立尸坐若被拘縛姑去數里僧方如故
施肩吾分水人元和中舉進士退隱洪州之西山終身不
仕嘗遊四明山與其隱士道流相習後遇旌陽授以丹方
仙去○登四明山詩半夜尋幽上四明手攀松桂觸雲行
相呼己到無人境何處玉簫吹一聲○黎洲老人命余宿
杳然高頂浮雲平下視不知幾千仞欲曉不曉天雞聲○
憶四明山人詩愛彼山人石泉水幽聲夜落虛窗裏至今
憶得臥雲時猶自涓涓在人耳○寄四明山子詩高樓只
在千峰裏塵世望君那得知長憶去年風雨夜向君窗下
聽猿時

李至能慈谿人住永昌潭上大觀中書符呪水檄召神將一日至能出其徒盜其呪水焚檄爲戲神將羣集於庭無以號令遽云此地卑濕爾爲我移之須臾大風雨拔屋置於溪南因號神運殿

謝寶四明烏巖邨人年數歲夢眞武爲浣腸溪上至今水有赤色天旱與羣兒束芻爲龍龍入溪觸石卽成深潭又嘗祈雨使母以簸箕作聲以紡車灑水母忘之但震簸箕遂有雷而無雨建炎三年召其鄉里曰吾卒愼勿葬我越三年忽聞棺中有聲啓視之容貌如生火從頂出自焚

呂處仁字大姚嘉定間隱居四明山有异術齋醮多靈驗賜號演教眞人卒時投劍於後橫潭篙工漁子夜經其處

嘗見劒浮水上

皇初平雲笈七籤曰茭湖漁澄洞皇先生曾隱此處

刁道林司馬紫薇曰四明山洞在越州上虞縣眞人刁道林治之眞誥曰龍述字伯高京兆人後漢從仙人刁道林受胎氣之法

孫韜字文藏會稽剡人入山師潘四明參受眞法學摹寫遂大巧妙南洞大碑及許長史壇碑並是韜迹也

四明山志卷四

古吳後學周　靖　訂

遺獻黄宗羲輯

姪　炳
男　百家
仝校

九題考

唐陸魯望皮襲美有四明山倡和分爲九題後之言四明名勝者莫不淵源於是顧四明非九題所得盡而尋九題者又往往不得其處故宋施宿云謝遺塵所稱及皮陸諸詩世雖競傳之顧今四明山中居人乃不知異境果安所在蓋與華山之華陽武陵之桃源皆神仙境可聞而不可卽者也嘉靖間餘姚岑原道求遺塵九題止得所謂石窗

者鄞人沈明臣以大蘭山爲過雲奉化戴洵以仗錫爲石窗皆以意相卜度宜乎其失之遠也余創四明山志與山君木客爭道於二百八十峰之間而知所謂九題者陸皮未嘗身至止憑遺塵之言鑿空擬議故在陸皮已不得九題之實後人憑陸皮之詩以求九題其不得遺塵之實又何怪乎余旣考其得失每題系以一詩豈能與魯望襲美爭秀然憑虛摭實使好事者無逃山遲響之惑則有間矣

一曰石窗在大俞邨自麓至顚十里削成石室高五尺深倍之廣如深而六之中界三石分一室而爲四謝康樂山居賦注云方石四面開窗不知其總在一面也其謂之窗者凡石穴多在平地故稱之爲洞爲室此獨懸空上出有

似乎窗也二曰過雲奉化雪竇山有嶺名二十里雲故遺
塵云山中有雲不絕者二十里因此嶺而言也三曰雲南
在桃花坑山之下奉化之雲南里是也陸詩之巴賨越鳥
皮詩之無雁到峰前豈可借滇蜀事爲點綴乎四曰雲北
近雪竇境陸詩金庭如有路皮詩應得入金庭不知金庭
在四明之西南言之於雲南差近言之於雲北則懸隔矣
五曰鹿亭在大蘭山南史孔祐至行通神隱於四明山有
鹿中箭來投祐祐爲之養創愈然後去故於祠宇觀側建
鹿亭陸皮不原故事泛稽物態引麏穿竹又何當也皮詩
謂在石窗下失其地矣六曰樊榭元曾堅云劉樊從大蘭
飛升建祠其所祠側爲樊榭皮詩石洞聞人笑大蘭未嘗

有石洞也七曰潺湲洞餘姚之白水宮是也天寶間從大
蘭移祠宇觀於此始劉樊居潺湲洞側師事白君因其故
居也八曰青檽子今亦無識之者所謂味極甘而堅不可
卒破者按以求之更無一物相似豈草木之種類亦有絶
歟陸詩環岡次第生徒虛語耳九曰鞠侯雪竇西十五里
爲徐凫山有鞠侯巖以其形似鑿字名之攢峰割日哀瀑
崩雲誠奇地也皮陸以連臂斷腸當之何山無猿而以此
私一四明哉有以知其不然矣是故文生於情情生於身
之所歷文章變衰徒恃其聲采經緯恍惚而江淹之雜體
作矣承虛接響寧獨此九題哉遺塵發之而余考之千年
旦暮同是南雷之人相與言南雷之事而已

石窗

高閣雲中見四窗一面連梯空尋地穴鍊石舉危天寶鏡開霜曉朱簾卷暮煙自從劉阮後康樂亦遥傳

過雲

不雜炊煙色非關雨氣颸神龍眠雪窖山鬼樂幽篁曳杖兜羅重霑衣瀑布狂相將過嶺去二十里雲長

雲南

南行雲過盡始見有人家名里今如故遺風昔不差僧留人外偈桃發自然花盤谷無嫌小山將出路遮地名小盤谷

雲北

北行雲過盡籬落傍僧筵竹筧分猿飲霜鐘起象田磨崖

留漢隸鉏石得唐年聞說巖棲者終身昧市塵

鹿亭

鹿亭何自置千古仰仁名久矣忘機械蠢然託死生朝飢開藥院秋冷侍茶鐺縱使歸山去長來月下鳴

樊榭

大蘭有故榭昔是夫人居石有藏雲竅石有七竅溪游禁術魚猶疑停絳節時或得仙書此地逢樵獵相親且莫疏

潺湲洞

聞說潺湲洞當年隱白君守爐同弟子洗藥委紅裙中積千年雪平分萬壑雲自來聲未絕曾和步虛文有洗藥溪

青糯子

何物青檽子空傳上世名野人俱不識山鳥或相爭玉樹
空垂賦瓊花不別生環岡笑魯望詩句豈眞誠

鞠侯

曾到徐凫境巖形像鞠侯瀑飛聲自苦月影臂如勾不答
山禽喚空回過客睟前人工賦物遺誤在林丘

四明山詩　　陸龜蒙

謝遺塵者有道之士也嘗隱於四明之南雷一旦訪余
來語不及世務且曰吾得於玉泉生知子性誕逸樂神
仙中書探海岳遺事以期方外之交雖銅牆鬼炊虎獄
劒餌無不窺也
子語吾山之奇者有峯最高四穴在峯上每天地澄霽

望之如牖戶相傳謂之石窗即四明之目也山中有雲不絕者二十里民皆家雲之南北每相從謂之過雲有鹿亭有樊榭有潺湲洞木實有青櫺子味極甘而堅不可卒破有猿山家謂之鞠侯其他在圖籍不足道也凡此佳處各爲我賦詩余因作九題題四十字謝省之曰玉泉生眞不誣矣好事者爲余傳之因呈襲美

石窗

石窗何處見萬仞倚晴虛積靄迷青璅殘霞動綺疏山應列圓嶠官使接方諸祇有三奔客時來斆隱書

過雲

相訪一程雲雲深路僅分嘯臺隨日辨樵斧帶風聞曉著

衣全濕寒衝酒不醺幾囘歸思靜髣髴見蘇君

雲南

雲南更有溪丹礫盡無泥藥有巴賨賣枝多越鳥啼夜清先月午秋近少嵐迷若得山顏住芝筐手自攜

雲北

雲北是陽川人家洞壑連壇當星斗下樓拶翠微邊一半遙風雨三條古井煙金庭如有路應到左神天

鹿亭

鹿亭巖下坐時領白麛過草細眠應久泉香飲自多認聲來月塢尋迹到煙蘿早晚吞金液騎將上絳河

樊榭

樊榭何年築人應白日飛至今山客說時駕玉麟歸乳華
懸松嫩芝臺出石徵憑闌虛目斷不見羽華衣

潺湲洞

石淺洞門深潺潺萬古音似吹雙羽管如奏落霞琴倒穴
漂龍沫穿松濺鶴襟何人乘月弄應作上清吟

青檽子

山實號青檽環岡次第生外形堅綠縠中味敵瓊英墮石
樵兒拾敲林栖鳥驚亦應仙吏守時取薦層城

鞠侯

何事鞠侯名先封在四明但爲連臂飲不作斷腸聲野蔓
垂纓細寒泉佩玉清滿林遊宦子誰爲作君卿

和四明山詩　皮日休

石窗

窗開自眞宰四繞見蒼厓苔染渾成綺雲漫便當紗櫥中空吐月扉際不扃霞未會通何處應連玉女家

過雲

粉洞二十里當中幽客行片時迷鹿迹寸步隔人聲以杖探虛翠將襟惹薄明經時未遇得恐是入層城

雲南

雲南背一川無鴈到峰前墟里生紅藥人家發白泉兒童皆自古婚嫁盡如仙共作眞官戶無由稅石田

雲北

雲北晝冥冥空疑背壽星犬能諳藥氣人解寫芝形野歇
遇松蓋醉書逢石屏焚香住此地應得入金庭

鹿亭

鹿羣多此住因過白雲楣待侶傷花久引麛穿竹遲經時
飲玉澗盡日齅金芝之爲在石窗下成仙自不知

樊榭

主人成列仙故榭獨依然石洞聞人笑松聲驚鹿眠井香
爲大藥鶴語是虛篇欲買重棲隱雲封不受錢

潺湲洞

水流萬丈源盡日瀉潺湲敲碎一輪月鎔消半段天響高
吹谷動勢急歕雲旋料得深秋夜臨流盡古仙

青儒子

山風熟異果夜是供眞仙味似雲腴美形如玉腦圓銜來多野鶴落處半靈泉必其桃源種花開不記年

鞠侯

堪羡鞠侯國碧巖千萬重煙蘿爲印綬雲壑是提封衆遣狙公渡果教獮子供爾徒如不死應得躡玄宗

和梨洲先生九題詩并序　高士奇

九題始於陸魯望而皮襲美次之二君當日實未至四明也黄梨洲徵君身履巖岫攷之書傳辨證詳明復爲九題詩正皮陸之誤余未歷嶔崟杜門長夏適徵君寄四明山志乃和此詩以當臥游雖境事無謬安能如皮

陸之句突奧幽秀徒以自媿後之好事者因此遠求遺迹廣相倡酬則名山之九題當益著矣

石窗

石豈仙人鑿窗疑玉女開疎櫺雲直入高牖月斜來邃竇霑崖藿蛇痕映碧苔欲尋劉阮迹疑是有樓臺

過雲

迢迢二十里一帶渫雲封遠覆蘭山麓橫連雪竇峰樵迷難覓路寺隱但聞鐘俄頃風雷歘遥天挂白龍

雲南

居然小盤谷路已入金庭南嶺雲全白陽峰雪半青晴嵐花灼灼春澗水泠泠雞犬桑麻外漁舟向晚停

雲北

峰多雲亂起羃䍥滿山陰曳竹煙中碧籠花月下深當門
眠老犢隔塢語春禽活活聞泉響分來自遠林

鹿亭

孤亭祠孔祐遺愛古誰齊南窟曾供鹿泰巴亦放麑呦呦
鳴淺草濯濯飲清溪滿目皆生意春風好杖藜

樊榭

劉樊成道後白日竟飛昇故榭依然在仙梯未可凌怪松
擎雪峙危石帶雲崩欲問棲眞處東峰第幾層

潺湲洞

此日潺湲洞當年白水宮無雲朝噴雨不浪夜翻風洗藥

因流淨壽花取徑通淸香坐聽久羣籟寂霜空

青欞子

漫說戎王子青欞亦自殊實堅疑綠玉色美勝瓊珠鳥啄
風前鬬猿偷月下呼山家何處覓空自想雲腴

鞠侯

徐鳧眞異境別是一重天猿臂如相接山形似倒懸洞中
留古雪樹杪落飛泉到此塵寰隔淸都有列仙

四明山九題詩次梨洲先生韻　靳治荆

余夙慕浙東山水於松陵集中見四明九題詩恍
惚神往不知其眞境若何也今見先生九題考刊
訂分明宛隨節屐詩更親切入情非同皮陸懸擬

固陋遂依韻奉和請政焉

石窗

異境層巔闢虛窗四室連高懸應礙日上出欲通天融透深冬雪棲牢萬古煙不緣公好事實錄許誰傳

過雲

嶺路何綿邈煙巒任簸颺瀰漫看霧樹淺近笑風篁（謂杭州風篁嶺）境幻行忘困峰奇叫欲狂飛泉何處落遙指練光長

雲南

雲南舊里在煙火動山家樹豁看才見峰岐路恐差寺鐘生竹塢磵戸閟桃花勝賞元塵外層巒面面遮

雲北

雲北看雲好層層落几筵佛龕疑鹿苑仙窟想芝田臥憶金庭舊遊思雪竇年行當相去近不與市和廛

鹿亭

鹿去何年事亭留此日名銜環寧望報養創爲全生客駐登山屐僧依折脚鐺斑龍千歲活可更向人鳴

樊榭

故榭垂名久曾因仙眷居去應驂白鶴來合並丹魚石有通靈竅巖藏證道書欲吟步虛曲只自愧才疎

潺湲洞

洞府開青嶂仙官邇白君芳溪曾浣藥春月可濔裙谷暗初斜日岡停乍起雲潺湲終古韻好綴柳州文

青欞子

本實號青欞圖經秘此名神龍嘗未得爾雅說徒爭不可尋求見誰云次第生如堪資服食肯惜禱祈誠

鞠侯

不謂層巖聳居然似阿侯躬彎伸詎直臂弱引仍勾坐老披雲性凝餘竊果胼支笻看不厭渾欲揖浮丘

四明山志卷四終

四明山志　卷五　丹山圖詠　一

四明洞天

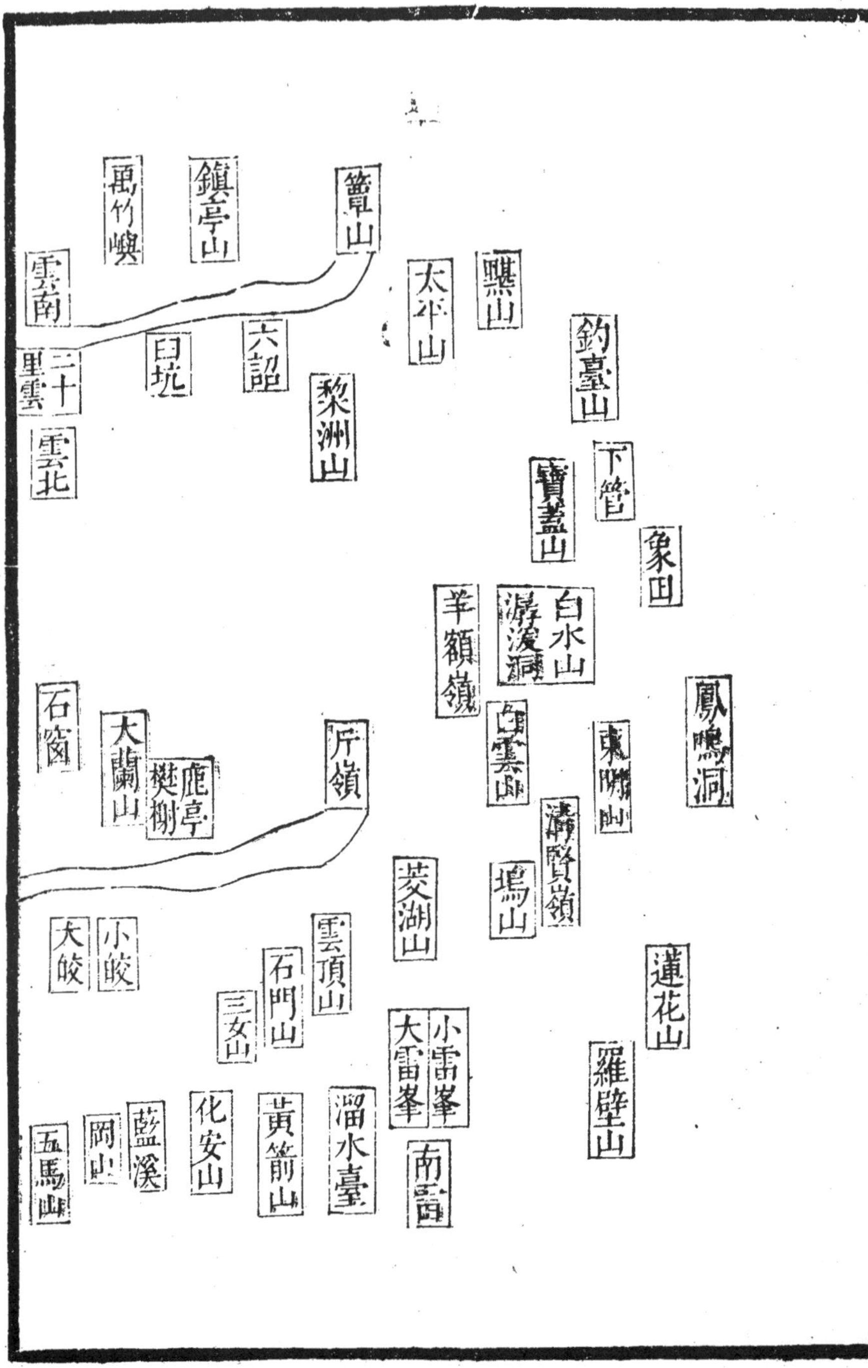
篦山
鎮亭山
雲南
二十里雲
雲北
日坑
六詔
黎洲山
太平山
釣臺山
下管
寶蓋山
象田
羊額嶺
潺湲洞
白水山
鳳鳴洞
東明山
塢山
石窗
大蘭山
鹿亭
樊榭
芹嶺
茭湖山
雲頂山
石門山
三女山
大皎
小皎
小雷峯
大雷峯
蓮花山
羅壁山
溜水臺
南雷
黃箭山
化安山
藍溪
岡山
五馬山

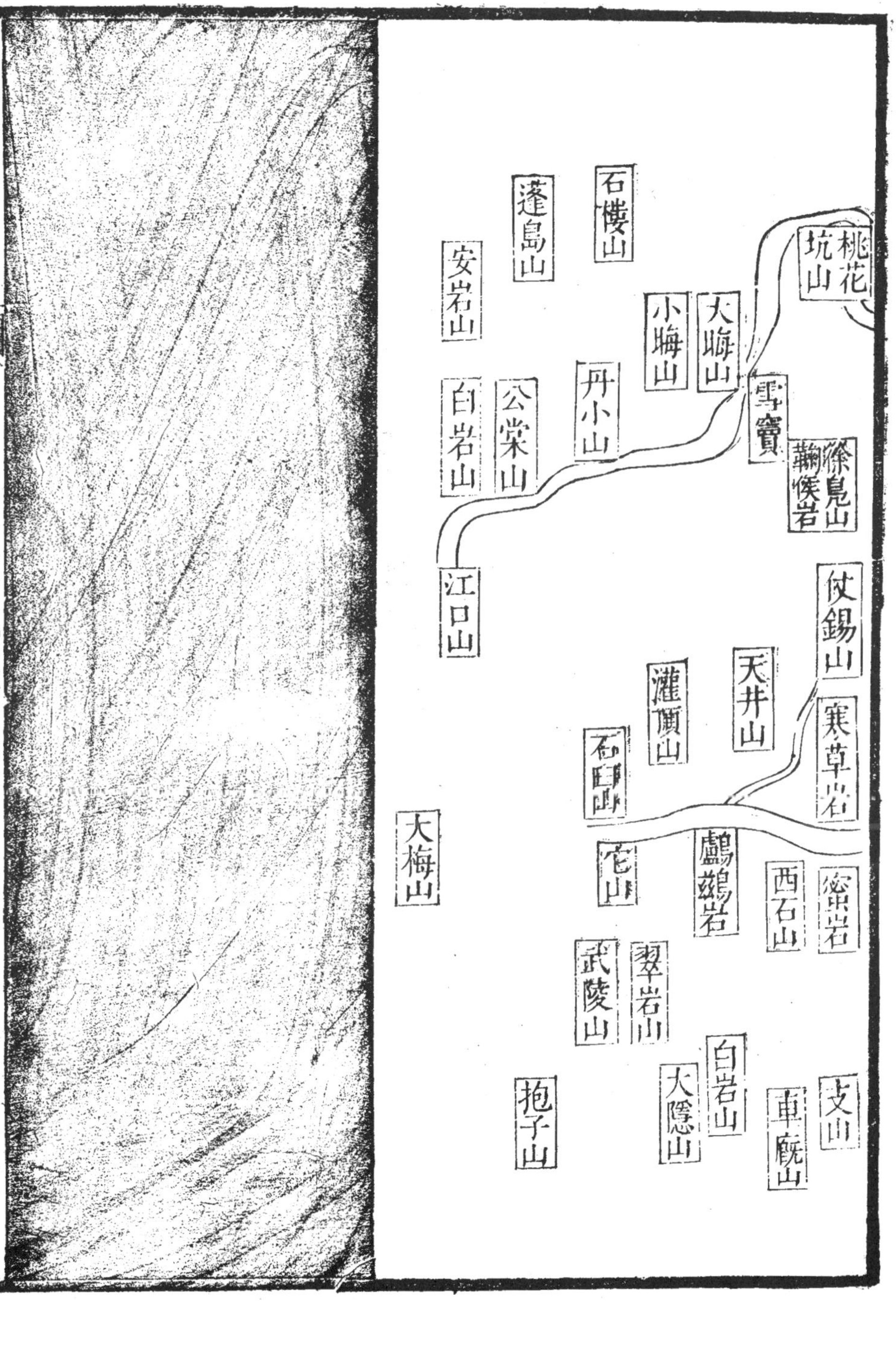
桃花坑山
徐鳧山
鞠候岩
雪竇
大晦山
小晦山
石樓山
蓬島山
安岩山
丹小山
公棠山
白岩山
江口山
杖錫山
寒草岩
天井山
灌頂山
石印山
鸕鷀岩
西石山
大梅山
武陵山
翠岩山
白岩山
大隱山
文山
車廐山
抱子山

道藏中有丹山圖詠以明山名勝製爲道調而託之木玄
虛撰賀知章注其圖爲祠宇觀所刻與元道士毛永貞石
田山房詩合爲一卷則此詠此注亦永貞之徒所爲按木
華字玄虛在晉爲楊駿府主簿而詠中所稱宋應則鄭宏
齊謝朓何昕梁范顏初未嘗自掩覆其年代之不倫也四
面七十峰疆域因是圖詠而鄙割就理然亦不免殽亂如
以小溪接黎洲以翠巖屬西面以紫溪附大小晦以抱子
山置大小皎此此皆疎略之甚永貞住山中四十年與掘藥
采薪者相習何難於考校眞實而乃有此失耶至其攀援
故事大槩子虛烏有不可以記傳勘之固鹵莽道士之常
不足怪也原圖不傳在餘姚縣志者復多謬誤余旣爲別

作其詠注之失亦稍正之憶歲辛巳在金陵從朝天宮繙道藏自易學以外干涉山川者皆手鈔之矻矻窮日此卷亦在其中歲壬午至自燕京便與晦木澤望月下走蜜巖探石質藏書處宿雪竇觀隱潭氷柱大雪登芙蓉峰歷鞠侯巖至過雲識所謂木介歸而晦木爲賦澤望爲遊錄余則爲四明山志其分四面各七十峰因夫圖詠之例也亡友陸文虎欲刻之而未遂海内兵起徐忠襄公問浙東可以避地者余以四明山對既而忠襄來書謂吾舉足西向則言與陳臥子與師舉足東向則言謀立潞王朝議如此四明之緣絕矣吳霞舟先生流離海外余亦欲以四明山處之道阻不果薛諧孟作先生傳有嗚咽而赴四明山中

之招者此也山寨纂巖此山遂爲戰地血瀑魂風嶔崟變色猶幸二公之不來耳當余手鈔道藏之時方欲徧遊天下名山四明不過從此發迹卽不然而自絕於世亦泥封洞口猿鳥以爲百姓藥草以當糧糒山原石道別有往來豈意三十年來芒鞋榔笠未霑岳雨兹山亦遭勞攘高棲之意尚無寄託執筆圖此有涕滂然甲寅二月二日黄宗羲序

四明山在東海上山有四穴通光晷天宇澄霽望之一如戶牖土人名之曰石窗故山以名唐置州治今餘姚又因以明名郡宋改慶元舊治更置縣本朝陞州而山屬餘姚在州南百里圖則山麓祠宇觀所刻也其一曰原建觀之

圖其二曰唐遷觀之圖槩言之則曰四明山也木玄虛云天下洞天三十有六四明第九其號曰丹山赤水是也按山接大蘭山形勢蟠結周回三百八十里有二百八十峰高二百一十丈常有雲氣覆冒於中凡二十里不絕名曰過雲南曰雲南北曰雲北山隴行三十里有峰曰三台山曰屏風曰石屋曰雲根石屋雲根間有瀑布如懸河旁曰潺湲洞三台之側有龍湫（潺湲洞卽白水宮也石室卽張平子所居之石室也而餘姚志誤三台爲三孕）後漢下邳劉綱爲上虞令棄官同妻樊氏雲翹居潺湲洞側從白君得仙術其下有洗藥溪（一名紫溪）學成會交友登大蘭山頂攀巨杉（皁莢樹也云杉誤）升其上舉手別呼夫人次之俱仙去遺履山下化爲臥虎後人名其山曰昇仙山

木曰升仙木就其近立祠宇以奉其祀有樹曰樊樹梁隱者孔祐仍居之嘗覩山谷中錢數百斛樵者爭取之化爲瓦礫有鹿中矢來投祐祐爲牧養愈而後去故祠側建鹿亭陳永定中有敕建觀因其舊祠故曰祠宇云唐天寶三年遣使禱祠病其險遠敕道士崔銜處士李建移置潺湲洞外一名白水宮宋龍虎山三華院吳君眞陽號混朴子從虛靜張天師學游歷至此止焉徽宗以凝神殿校籍召不起政和六年詔大其觀建玉皇殿書其牓曰丹山赤水洞天封劉綱昇玄明義眞君樊氏昇眞妙化元君而混朴子授丹林郎禁樵采蠲租賦高宗丞相張魏公知其徒孔容因表混朴子爲眞人許歲度道士一人以甲乙傳次嘉

熙初元理宗禱嗣於會稽之龍瑞宮竣事分金龍玉簡藏焉今毛諱師永貞由三華嗣主之山之木曰青櫺樹其實味甘而不可倅破山之獸曰鞠侯唐咸通中謝遺塵隱此陸龜蒙皮日休時時往還陸皮未嘗至四明各賦詩九首取以爲題宋陸游記之余再以使事航海出慶元洋掠餘姚境上者四西望縹緲如輕雲插入天末舟師指以相告曰大蘭山也至京師適薛君毅夫由毛諱師所來示余二圖想見其山川奇秀思欲得相羊上下從一二瀟灑士坐鹿亭酌潺湲呼鞠侯一洗其塵土之累而吏役驅迫昔者舟行徒悵望咨嗟而已近世士大夫汨於利達上之不能效劉綱脫屣簪紱次之不能如皮陸忘形賦詠宜乎高世之士揶

揄哂唾而目其地曰洞天也余故詳述其本末使有志物外者得以覽觀焉臨川曾堅序堅字子白元末入明

四明山名赤水天靈蹤聖迹自天然二百八十峰相接其間窟宅多神仙

按記云此山四面各有七十峰計二百八十峰相連如屏也

其山東面如驚浪七十高峰列煙嶂一條流水入勾章二仙聖德彰玆養

二仙者是董黯鮑全全有聖德之行黯有孝道之功記云此乃四明山地仙俱出後漢時此是車廄至宅山一帶流水也黯字叔達居大隱山溪側

秦皇神將有王鄞驅山塞海溺其身葬於水底不塡築號作鄞江今見存

四明山名勾章其江因鄞江此通大洋也鄞江在小溪鎮下危素云秦皇命臣王鄞驅山塞海百靈勞役奔入此地因名鬼藏山據此則鄞縣之名因於王鄞也按鄞城舊在奉化縣東五十里赤堇山下所謂歐冶造劒涸若邪而探銅破赤堇而取錫者此也鄞縣以此爲名而加邑焉初不因王鄞而名當是异說然今山中神祠多有祀秦王蒯者則又因王鄞而誤

大雷山前靜水洞謝朓曾居茲讀誦因名大慈屬慈谿泉源水脈皆相統

大雷山昔多禽獸每有獵人汙觸其洞神仙以大雷阻之因而爲名漢晉時得道之士多隱此中又有金雞洞金雞洞在翠山寺前沈明臣云傑傑石罅耳大雷尖小雷尖相聯絡而起距翠山二十里

數峰狀似蓮花葉葉勢與黎洲洞接一派清泉下小溪數

百餘家安活業

內有芙容峰與黎洲洞相近晉時孫與公遊此山見道

邊黎摘食之再來已失其所後因名之芙容峰有五乃山之中也中爲四明山心仗錫是也東一峰高六里周十里峰前一巖高一丈深七尺中有石穴通泉流於黎洲穴生甘草又多古杉柏瑞雲西一峰高四里前有石室下有石秤相傳劉阮居之南一峰高三里有石壁壁出數穴生石乳北一峰高四里峰頂有天井雲氣吞吐五峰相望各去六里生木亦异東生梓西生松南生柏北生柽及黃楊其山頂極平正然芙容峰在中不宜置之東面小溪在它山唐曰光溪鎮

傍聳高峰形突兀頂頭石匣盛仙蜜下有龍潭湛百尋藏

書石室深牢窗

名蜜巖峰上有石匣盛仙蜜曾動星象下有龍潭公私

禱祀向下更有一潭名石質內有石室貯藏神仙祕典禹時有逸士王眞親曾開看甚奇異也蜜巖距莊邨五里其峰臨溪若石筍人不可上野蠭緣隙爲房積蜜流遷中羣魚聚而驗喝山人捕之爲珍味也後漢有王眞年且百歲周流登五岳名山此云禹時未可以爲據也

其山西面如奔牛岧嶤次第相連鈎大峰小峰計七十山足兩岐通越州

山脚下便是餘姚上虞兩縣屬越州水陸皆通

伏龜山如雞子狀隱岫嵯峨百般樣山中三朶五朶峰仙人日日遊其上

西南山多異狀兼有三五朶奇峰出沒山嵐中五朶即芙蓉峰也三朶即白水宮上之三台峰也三峰鼎足而立中有石室漢張平子居之亦名石屋山餘姚志誤爲三孕

漢時曾有張平子駐前劚木呈其技版木餘殘三五堆紫金聲色真神異

張平子曾劚木於此山有版木三五堆作紫金色常有雲霞覆之昔時張充曾見此版得五寸往見會稽太守劚作蝴蝶便沖天飛去張平子名衡漢人張充字延緒南齊人其至餘姚史傳無考

四角仞雕師子守塵劫雖移終不朽毛竹千尋生澗邊藥苗仙果般般有

翠巖中間有石壁礙石遮雲數千尺内生异果能飽人兼有澗泉通海脈

晉葛仙翁到此見澗中魚長六七尺以杖擊之勿見山神曰澗水通大洋此魚從海而來翠巖山在鄞西四十里於四明爲東面不

當錯置於西

魏時有人楊德祖路傍曾與山仙語二仙把火覓金刀像形剡字因茲起

楊德祖遊此山有老人云前行遇二仙把火覓刀此溪名也己果見之德祖知爲剡字溪曰剡溪也此剡源九曲導於剡

山於四明爲南面不當錯置於西

其山南面如驅羊七十峰巒形列張漢時劉阮逃七日人間六代子孫亡

相傳石窗爲劉阮遇仙處故戴表元四明山中詩劉郎一去杳無蹤白水青山只故宮者此也

中有大池數畝地穴內仙蛇常吐氣化爲雲雨作樓臺水應簞溪入數處

故老嘗於水中見仙簞故名簞溪按剡縣有簞山以其上平如簞也溪導源是山故名簞溪即剡源南出一百二十里水歸於鄞江爲四明山之南門

白巖瀑布如飛練俱入紫溪流汗漫中有一山如覆盆林木交加花卉亂

兩峰各名大小晦蔽日陰沈輕霧翳樵夫應則昔時遊石牀數丈祥雲蓋

宋應則入山忽遇景色秀麗復來則冥晦不見因名大小晦紫溪即白水近觀寧志云宋有捕魚者應則初入山甚秀麗既而冥晦號曰大晦山東一峰下有龍窟逸士陶源探望如樓閣號曰小晦山大晦下一小山名覆盆白巖是雪竇近山無瀑布此誤以雪竇爲白巖也其流亦不入紫溪紫溪在白水宮側一名洗藥溪乃西面也

其間仙獸有犀牛范顏捕得皮爲裘服之對面人不見隱

藏形質無蹤由

范顔粱時人

其山北面如走蛇危巒疊嶂無津涯七十之峰數亦足八

囊𦊆網相交加

八囊山在大皎八峰相次

又湧二山爲兩陣引開長澗分牆仞抱子山頭石室平泉

如甘露靈仙隱

鄭宏曾究山海經經中具列此泉名名爲聖水味甘滑得

而服之當長生

有山兩陣相向中央澗水流分四面俗呼爲大小皎是

也宋時鄭宏尋得此泉服之石室中見有聖像近代不

聞异跡長澗從斤嶺發源至它山入江皆兩山夾出故日分牆仞也抱子山慈谿東南十里應列東面

四明山中如伏虎徧生青石爲其祖鑿開七竅出祥雲竅中各可興風雨

四明山中心名伏虎山有赤石柏梓之木皆有七竅皆泊龍神山海經云山嵩無竅不爲名山也此即大蘭山也劉樊升仙遺履山下化爲臥虎故名伏虎山其地石皆有孔亦名孔石

石庫藏書倉貯鹽食之其味多甘甜一條槎木二百尺光明夜照羣山尖

梅福曾循此庫見書莫知其數齊時樵人何所得此倉鹽少許歸與母食白髮再黑復往已失其所又見槎木二十丈横於山腹常吐光明此即大梅山也高僧傳云昔梅福初入此山見多龍

穴神蛇每吐氣成樓閣旁有石庫內貯仙藥神

仙經籍然大梅在東南之極不宜置之山心

東連勾章西舜窟南嗣天台通地骨北包翠竭愛其源地

聖天仙時現沒

此是四明山之四至也

周回盤廣八百里古來靈瑞難徧紀梅福爲仙居此山劉

綱作宰妻樊氏

梅福遊此山夢人謂之曰周時益昌化於是地其骨尚

祕天井及明福果獲之遂與收掩後漢劉綱字伯經爲

上虞令與夫人樊雲翹居四明山一日至大蘭皋丘山

登巨木飛升

四明初與天台同爲一山故有八百里之廣其後兩山相分四明不名天台其里數亦狹矣天井山在後衛邨

四明山志卷五終

四明山志卷六

古吳後學周　靖　訂

遺獻黃宗羲輯

姪　炳

男　百家　仝校

石田山房詩

餘姚州南百里曰四明山神仙家丹山赤水洞天在焉漢上虞令劉綱嘗脩鍊飛升於是有觀曰祠宇觀旁屋曰石田山房則毛鍊師永貞之所築也初三十代虛靜張天師以道術授上清宮三華院混朴吳眞人旣得其傳居是山宋徽宗聞賢召之不起即所居斥而廣之故祠宇之系出於三華而三華世視祠宇則其所處之館也我仁皇時天

下無事玄教張吳二大宗師相繼在朝三華院有貞一先生朱本初亦以博洽文雅見稱於卿相間毛君實從之游先生固愛之二宗師尤器重焉以教檄歸領祠宇觀事祠宇時頹廢自毛君主之地無不興廢無不葺今垂四十年矣勤厲如一日飭理之暇則退處於山房焚香燕坐外物一不以累其心蓋其左右有穹崖峭壁流泉瀑布噴灑交射勢若懸河其下則磊磈犖确衡亙從合畦町萬狀無非石也菖蒲河車芝草蒼耳隨采而足稻粱糜芑之植十不收一二焉故曰石田名之薛君毅夫亦學貞一之學隱居白屋山（在上清之近）繼至石田樂其幽勝首爲賦詩至京師告於文士大夫曰石田其地勝毛君其人賢吾亦將從而老

矣則各爲賦詩得若干首來屬余序觀老子倡知雄守雌之說以爲道惟得其傳則能致虛守薄舍緐華盛麗之美而安於寂莫荒僻之陋以息其神以合其眞以全其身蓋其道然也若毛君者幾其人矣世當承平時夫人疲精竭智以爭夫膏腴衍沃之區而肆其高廣壯麗之搆者天下皆是也視夫石田奚啻霄壤之間哉兵興十年自大維揚河南舊富甲天下者剗削蹂踐無餘昔之東阡西陌者荒煙野草矣涼臺燠室者頹垣敗礎矣欲求彷彿於石田山房也可得乎吾以是知毛君之智也以是知夫能得其師之傳者也謹序之而因夫薛君以詒焉至正二十一年冬十月朔臨川曾堅

送蕭鍊師　唐　孟郊

閒於獨鶴心大於靑松年迴出萬松表高棲四明巔千尋直裂峰百尺倒瀉泉絳雪爲我飯白雲爲我田靜言不話俗靈蹤時步天

遊四明山劉樊二眞人祠題山下孫氏居　李頻

久在仙壇下全家是地仙池塘來乳洞禾黍接芝田起看靑山足還傾白酒眠不知塵世事雙鬢逐流年

瀑布　宋　謝景初

飛泉懸峭壁斗絕千萬丈奔流天上來望若匹練廣曲嶺隔靑林未挹先聞響其旁有巨石平潤可俯仰俗士所不

到我輩固來賞須期秋色淸攀蘿遡其上

登仙木　孫應時

劉樊蟬蛻此登仙老木當年已插天玉骨半枯猶秀潤蒼皮新長更榮鮮蟠桃時熟三千歲銅狄重磨五百年化鶴未歸山寂寂徘徊誰與向因緣

青𥷚子　史　洗邑志作浩非

羽幰新從帝所囘餘歡未盡玳筵開醉拋青子香泥上留與仙家取次栽

訪混樸吳尊師

何年隱四明與世絕逢迎聖主方虛席先生不入城風雷隨地起宮殿自天成近喜籃輿隱寧憂白髮生

遊四明留題丹山　唐　震 字景實

四明光照九霄寒閬苑神仙日往還瀑布遠從銀漢落洞門長鎖白雲閒深崖瑞木金文潤絕頂靈槎鐵色斑無限遺蹤人莫識落花香泛水潺潺

遊丹山　孫子秀 字元實

四明洞天居第九巨靈劈石開窗牖捫蘿陟巘不憚勞同行況遇忘年友老苔護石蒼虎閒飛瀑懸巖玉龍吼豁然人與境俱勝醉欲拍缶忘升斗固知壺中別有天未必醉翁真在酒徘徊步月澹忘歸世事浮雲竟何有

孫　嘉 耕寬

與客窮幽勝同登白水山銀濤翔月落蒼壁倚天寒采藥

穿雲塢圍棊坐石壇因忘歸路晩紉佩得秋蘭

元豐自孫霞隱

萬古丹山洞今朝遂一遊瀑高寒激雪崖老晩疑秋馴虎隨仙去高堂有像留獨嫌歸太速未得細尋幽

瀑布

白雲山人郭亨加字仲休

盡日看無倦神清骨自仙響添一夜雨雄迸百巖泉轉石雷生壑懸崖劒倚天好奇忘我老猶欲上危巔

趙澹山

玉龍吼山山爲開懸濤迸出翻崔嵬回風便可作飛雨共聽萬壑鳴春雷

趙至道字竹逸

飛落寒泉一派高初聞響似浙江潮松陰無雨雲長潤石竇雖晴雪未消素練幾時懸絕壁白虹千尺跨層霄丹山自是神仙府弱水流來故不遥

僧圓丘字雪崖

滿目飛晴雪丹山見白虹天機垂不盡地軸卷無窮蕩漾沆寒玉飄零散[redacted]風人間何處著應直到龍宮

劉仁本

白水眞仙騎白鶴何年蛻骨此山中化爲玉練垂千尺翻却銀河落半空鶴夢曉遺明月帳鮫人夜掣水晶宮天台有客詩難就歸興瓊臺雙闕東

中天飛瀑下瑤臺素練高懸亦怪哉織女投機收不得短

娥翦水巧爲裁光連雙闕星河動響掀千山風雨來祠宇
洞前看未足又隨明月過天台

送毛石田住白水宮　張伯雨

攜劒住丹山淩風被雨翻空壇遺寂莫飛瀑瀉潺湲供薄
難爲客山深不閉門大蘭千仞頂有日遇劉樊

白水宮

二仙控鸞上青旻千古流聞跡未陳白水主人傳甲乙青
燈留我守庚申雲根瀑落長疑雨洞口花開自得春回首
人間又塵土芒鞋好結道爲鄰

趙君璋

曾共樵夫采藥回丹崖遙見白雲堆百千萬劫仙風在三

十六溪春水來琳館隨時容笑傲杖藜霑溼上崔嵬洞門深鎖無人識應是劉樊去後開

明 高則誠

四明山中春雨餘三台峯下訪仙居雲開翠碧浮金闕風定銀河下玉虛幽洞夜明丹化鶴淸溪晝靜獺窺魚憑君爲問劉樊信靑鳥西來好寄書

丹山勝槩天下奇重溪疊嶂遊人稀千年祠宇近霄漢百尺飛泉搖夕暉玉童吹笙月在戶仙子朝眞雲滿衣我來信宿謾興感擾擾何時能息機

僧自悅 白雲

聞說石田能好奇淸暉亭下每忘歸豈無飛佩來丹極時

有祥雲護翠微春雨碧桃香冉冉秋風琪樹綠依依前年因過仙翁宅曾看巖西白水飛

寄白水宮毛外史　　宋玄僖無逸

平生未到丹山下鄉里空聞白水名路入洞天無百里身遊仙境是三生花間笙鶴春雲繞水際亭臺晚日明寄語石田毛外史相期日暖斸黄精

瀑布　　孫士志

玉龍戰罷力披靡倒挂丹山飛不起霆奔雷吼勇作氣迸出銀潢半天水銀潢迢迢水爲枯寒光不動山月孤兩崖中斷地轉軸萬丈直下河無魚六月飛雪不受暑使我神清慕仙侶劉樊當年同上升古木參天更如許中間作者

雖罕聞亦有混樸之眞人洞開尚留丹氣暖鶴返共說桃源春憑君好歌招隱曲日暮山中枕流宿明朝分與一勺多一洗人間塵萬斛

朱炯 景純

我生頗有煙霞癖倚杖看山日幾回石穴鑿開丹鳳去瀑泉飛作玉龍來因風忽灑半空雪不雨長鳴萬壑雷獨羨山中毛外史隱居眞得小蓬萊

陳雍 邦協

水從何處來流出白雲堆噴灑千尺雪砰鍧萬壑雷道人清徹骨坐客靜無埃一笑下山去攜琴蹋月回

白水宮

枕中鴻寶定堪傳住近丹山第九天振迹每尋雲水外標名合在石崖邊雨晴瀑布偏聞夜火煖丹爐不紀年時盡一壺歌一曲任渠喚作地行仙

清暉亭

滌穎冰甌思不羣滿亭詩景絕埃氛好山當面開清碧活水源頭瀉白雲鐵笛叫蟾寒欲起玉笙招鶴野初分興來徙倚看長劒時有神光射斗文

丹山　高彝伯兄

丹山赤水神仙宅布韈青鞋作勝遊百尺飛泉銀漢雪一聲唳鶴洞天秋青檽子熟雲壇靜琪樹花開石室幽無限溪山留勝槩何時卜築向林丘

陳克履 履常

四明空闊石窗開中有仙人白玉臺一水遠從天上落三台高拱洞前來老槎瘦骨擬龍化密竹濤陰待鳳回每向鄞江求勝迹却於此地得蓬萊

鐵衣驄馬蹋蒼苔忽扣仙門石洞開碧漢秋聲懸白水紫雲春色下丹臺劉仙久已乘鸞去韓令今仍跨鶴來尊酒相逢足清興新詩吟罷重徘徊

王中 敬中

四窗山色秀可攬雲根石屋高嶙峋林間遺舄曾化虎洞裏鞠侯渾似人奔流直下幾千尺高蹈今逾四十春靈光夜夜照丹室應有神仙來往頻

吉雅謨丁

東越名山世共聞四窗仙境更超羣青天半落銀河水白
日長過翠嶺雲塵外鳳歌來隱士林間虎爲候元君知余
不倦登山屐長許相尋謝俗氛

林希原

昔聞劉仙翁曾作上虞宰長年養神丹靈藥時自采一朝
跨飛鸞喬木凌蒼靄下視塵寰中桑田幾滄海嗟余骨未
換何由挹丰采高躅在人間深懷共千載

汪文璟 臣良

丹山自古神仙宅好似蠶蹤與世疎百尺懸泉飛蜿蜒千
年遺舄化於蒐亭臺尚憶吹簫侶芝朮長供辟穀徒欲雋

柴車訪眞隱不知容我俗塵無

湯　燧元慶

仙子凌空駕玉龍尚餘靈迹在山中過雲拾得青櫺子看瀑因尋白水宮未息干戈逢此日忽聞鐘鼓仰玄風也應脫屣非難事曾識雲間采藥翁

馬廼貞易之

城居久憶洞天名春日登臨杖屨輕山雨晴時崖瀑冷巖花落盡石窗明黃冠白髮情偏古野水閒雲意自淸便欲去尋劉縣令願攜妻子學長生

一徑遙通白水宮衆山屹立青芙蓉飛流倒垂千尺練高處更登三四峰或聞溪瀨赴魚走只有仙人跨鶴從看我

山中遊十日雲南雲北訪靈蹤

白水眞人去不回柴青宮殿倚雲開柴青土穀神名崖懸一瀑銀爲帶山到三峰翠作堆采藥仙童隨鶴過銜花馴鹿倚人來方知靈境非塵世且共淸吟坐石苔

題丹山　楊邊梅別號鐵崖

四明山二百八十青孱顏天窓四牖金鵶玉蟾兩出沒是爲三十六洞之九別有丹山赤水非人間我夢仙人賀狂客云訪雲翹子孤峰絕頂登大蘭下見洪濤衮日車輪大虹光蜃影雜沓翻瀾漫上有桃花美人者液鳳髓脯龍肝令我食之生羽翰路逢毛先生一笑今與古赤玉之舄墮地化爲石我一叱之力厭虎潮飛大士洞水門風折祖龍

橋石柱赤玉之舄何足追下窮地脈上天維鐵船徑渡弱水羽火劒欲斫扶桑枝毛先生毛仙後千春曾醉盧山酒酒醒騎虎却入終南山笑呼彩鸞下招手石田玉子大如斗

石田高士居丹山甚能繼其祖武人來每稱之益信名不虛也蒙惠書以詩代柬時余年八十有五

薛朝陽　廷鳳

客來每說洞天勝我亦久懷山水清升仙木近石林古洗藥溪清風雨生三華眞人昔居此幾葉元孫今擅名若問老夫頭未白尚能相訪寫高情

老舅大眞人詩石田敬和一首因致問訊

昔年相送領殊情別語難忘夢亦清記得四窗同久住借　于思緝一山
騎一虎問長生丹林已重前朝士白水猶傳上古名若躡
三台峰頂望老人星近見君情

題丹山　韓彥信

春風雨度到蓬瀛萬斛羈愁一洗清雨榻臥聽崖瀑響晴
窗坐看白雲生映階瑤草經年長出火丹砂九轉成安得
誅茅傍樊榭問君乞得石田耕

王霖叔雨

三台峰下神仙宅樊榭春風長薜蘿萬疊層巒建石壁一
簾飛雨瀑銀河天光上下雲容斂山色空濛雨氣多與客

題詩足清賞歸來環佩雜鳴珂

劉　履　坦之

嵯峨赤水山縹緲神仙宅高哉劉與樊超然遊八極一去何寥寥千載遺靈跡中有臥雲人冥棲鍊精魄幽林拾青櫺寒泉煑白石致身蕭爽間邈與塵世隔我來一見之傾倒如宿昔松花釀爲酒持以苦留客

陳君從

潺湲洞口看飛瀑細雨霏霏灑接䍠白水眞人能好客碧山學士愛題詩鞠侯夜嘯三花樹野鹿時銜五色芝試問劉樊仙去後何人來此共襟期

謝　肅　原功

雲北雲南山萬盤仙人宮闕俯巑岏晴峰倒影半空碧雲
瀑飛花六月寒鸞去徒勞尋故宅虎來還爲護仙壇洞前
虎樹春長在[redacted]我歸來問大丹

起文 昂吉

昔人仙去大蘭山臺殿空遺石壁間崖瀑四時飛白雪溪
雲長日護玄關青楄露冷從猿采仙木風生看虎還昨夜
洞前新雨過主人留客聽潺湲

韓稷 致靜

欲尋赤水丹山洞好是瑤簪玉筍鄉峰作翠屏分戶牖水
爲羅帶繞溪長衆雲御氣當炎漢賞月吟風羨晚唐人在
石壇行禹步空歌時送佩琳琅

僧大明 淨昱

白水丹山何處看淸暉亭上一凭闌半空積翠三台近萬丈飛流五月寒仙侶吹簫來洞口山人采藥出雲端我身亦是鄰峰鶴來往相依總不還

趙德純 宜生

雄峰三十六極造觀明天上有神仙窟丹霞覆其顛白鹿翳瑤草玄猿飲靈泉山深日常靜花落春自遷高人不覊世昕夕中盤旋石田藝嘉穀可以頤長年

毛尊師石田山房　張翥 仲舉

犖确初開百畝荒四明山麓結山房種來玉子雙雙白鑿破雲根片片方洞裏有仙唯服髓岡頭無客重尋羊知師

日誦黃庭罷祇挹飛泉漱齒香

陳祖仁 子山

四明有神人遺世宅崇峰飛遊凌倒景餘垢亦奇蹤流風被三華有士振其宗誅茅宇峰下迴若御鴻濛瑱玗四時秀靈泉左右通晨遊揖王父夕駕命青童惟[redacted]二頃田苦辛資歲功南東不盡畝犖确溢其中由來仙聖居服食世非同白英堅過玉烹飪奉朝饔非闕耕與鉏簞瓢糜不充大盜睨而去天災無匱空虞芮昔已爭乾餱咎在宮寧知不食地東華早發蒙東華眞人有服石法消搖樂玄虛宛若咽瞳曨綠髮方瞳子長身比赤松

遊白水宮

滑壽 伯本

白水仙宮也罕逢十年兩度追陳蹤寒流光垂玉螮蝀晴巒秀削金芙容臨溪無魚石磊磊采藥有路雲溶溶明當扶我九節杖更來陟彼三台峰

胡益　士恭

鑿石種瓊田開山結丹房高居鄰野衲塵世輕秕糠豈無胡麻飯亦有辟穀方回視衆阻飢惻愴摧中腸荷鉏出四明赤水流湯湯靈苗三聚華美玉雙成行粒粟藏大界黍珠懸昊蒼陶然熟夢境寤覺驚黃粱騰身入北斗酌彼金液漿一飲逾萬劫躡虹遊帝傍歸來弄倒景物我俱相忘松風度虛室内白涵純陽蘿月挂峭壁瀑泉灑銀牀壺中迭隱見河上參翱翔雲碓激瀨舂靜休千日糧童顏駐絳

霞紺髮凝玄光步虛檠珠宮遺韻鏘琳琅[redacted]默超象外閉
兌焚清香琅玕欝森長芝之草離披芳蓮行紫河車叱起金
華羊願采長生藥持以奉明王

雷如淵 若沖

道人住居白水洞洞口有田供鑿耕犁鉏不用辛苦少玉
石自分烹鍊精拾薪澗底客共煑化羊嶺上仙俱成夜液
無扃月自到坐聽九霄笙鶴聲

遊白水宮　　陳則虛 斯與

山根結屋便爲莊不事畬待歲穰種玉豈無和氏璞燒
丹亦有禹餘糧自知雲水生涯澹誰識林泉興味長我亦
欲歸尋舊業夢魂時繞錦溪傍

趙行吾 思魯

半壁梯雲鑿翠屏千巖破雨斷青冥駐鞭不假秦人力開闢元非蜀帝靈仙畹收禾勝辟穀春腴種玉可延齡歸來屐齒蒼苔滑茅屋松蘿映碧扃

薛毅夫

數畝依山宅一區喜存磽确勝膏腴近因辟穀懷黃石也復耕煙種白榆玉氣潤多山木秀松雲飄盡鶴巢孤會當脫屣從師去乞取青檽顆顆珠

崔齋薛眞人余之未識者而慕其可人先以詩寄之耳

張福 字憲南

別帝歸來已二秋好敎安穩住丹丘編經不用青藜杖跨

鶴還登白玉樓羨爾能傳唐少保媿余無復漢留侯門前白水三千丈應作黃河不盡流

遊白水宮　　吳居正端學

弱齡厭塵俗勝迹心所仰遂爲物外遊獲陪林下杖魚梁依澗度鳥道緣雲上旣覩仙眞宅愈重煙霞想環山知幾峰飛流可千丈天花傍檐舞水樂臨階響皮陸迹已陳劉樊事亦往不有繼先志何能領淸賞前人有遺詠磨崖看彿彷

四明山志卷六終

四明山志卷七

遺獻黃宗羲輯

古吳後學周　靖　訂

姪　炳

男　百家　仝校

詩括

劉晨阮肇遊天台　唐曹　唐

四明天台初爲一山故同謂之天台劉阮遇仙之跡在今石窗其後分爲四明人但知劉阮入天台不知實在四明也

樹入天台石路新細雲和雨動無塵煙霞不是生前事水木空疑夢後身往往雞鳴巖下月時時犬吠洞中春不知何地歸衣處須就桃源問主人

劉阮洞中遇仙子

天和樹色靄蒼蒼霞重嵐深路渺茫雲實滿山無鳥雀水聲沿澗有笙簧碧紗洞裏乾坤別紅樹枝前日月長願得花間有人出不令仙犬吠劉郎

仙子送劉阮出洞

殷勤相送出天台仙境那能却再來雲液每歸須強飲玉書無事莫頻開花當洞口應長在水到人間定不回惆悵溪頭從此別碧山明月照蒼苔

仙子洞中有懷劉郎

不將清瑟理霓裳塵夢那知鶴夢長洞裏有天春寂寂人間無路月茫茫玉沙瑤草連溪碧流水桃花滿澗香曉露

風燈零落盡此生無處訪劉郎

劉阮再到天台不復見仙子

再到天台訪玉眞青苔白石已成塵笙歌冥漠閉深洞雲鶴蕭條絕舊鄰草樹總非前度色煙霞不似昔年春桃花流水依然在不見當時勸酒人

餘姚縣龍泉觀　張祜

四明山一面臺殿倚嵯峨中路見江遠上方行石多山晴花氣漫地暖鳥聲和徒漱葛仙井此生眞柰何

遊雪竇寺　方干

登寺尋盤道人煙遠更微石窗秋見海山霧暮侵衣衆木隨僧老高泉盡日飛誰能厭軒冕來此便忘機

絕頂空王宅香風滿薜蘿地高春色晚天近日光多流水
隨寒玉遙岑擁翠波前山有丹鳳雲外一聲過

有爲雪竇寺志者載此詩注其爵里曰元和狀元不知
方干唐末不第死後得賜一官以慰冥魂余戲爲一絕
云元英詩句不銷磨十舉終難占一科
死後奏名何足慰不如雪竇莽禪和

四明蘭若贈寂禪師　周賀

叢木開風徑過從白晝寒舍深原草合茶疾竹枝乾夕雨
生眠興禪心少話端頻來各無事儘日坐相看

雪竇山　宋樓鑰

城居久矣厭塵鞅來訪名山寫鬱陶客路隨行流水遠征
輿坐與白雲高千林舞翠吹蓬鬢二麥搖青照紵袍努力
共登天尺五要看飛雪噴寒濤

野溪清淺渡危橋徑策枯藤上紫霄曉霧晴蒸山寺雨松風深隱海門潮流杯水漲人何在洗鉢池清意己消又上荒亭基上望雲山萬里更逍遙

東谷

舊說東阿谷玆來到此山樹深煙冉冉花落雨潺潺有客禮師揜何人叩祖關天連秋水遠此意向人間

送雪竇壁老住雪峰

雪竇移將住雪峰兩山雪色本相同莫言此去人千里明月往來含太空

遊四明山

平生抱遐尚撫劒遠行遊遊迹謝聲利牽心與巖壑謀東征

泛滄海南鶩踰丹丘西登岷峨嘯北望關隴愁匡廬挽歸
轡巫峽紆行舟劒閣最險壯龍門更奇幽歷覽雖未飽勝
槩略己收邇來臥燭湖清夢長夷猶家山惟四明名字橫
九州出門宛在眼欲往輒不酬人事眞好乖山靈苦吾仇
忽近益可笑投老空自尤茲辰正芳春會心得良儔贏糧
幸易足快策遂所求中宵雨聲斷逗曉霽色浮天容極瑩
淨風氣亦和柔瘦筇挾籃輿野服兼輕裘遙遙指林麓欣
欣聽溪流試屐淸賢嶺彌蓋白水湫飛湍響淙潺怪松韻
蕭颼艱哉上羊額喘若料虎頭巀石昉歲期負樵歌道周
百折快一眺千里森雙眸峯巒何緜聯脈絡相纏繆化鈞
妙融結神功巧雕鏤長風動溟渤洪濤播瀛洲巨鼇出贔

屓游龍繞蚴蟉鯨鵬怒摩盪蟲魚紛疊稠萬怪各起伏千帆近行疊或坦若几案或峨若冠旒或排若劍戟或列若戈矛或舞若鸞鳳或騾若驊騮或戲若狻猊或搏若貔貅儼然開明堂玉帛朝諸侯赫然會岐陽長圍方大蒐鏖戰臨長平堅壁持鴻溝廣野列車騎中軍嚴旆旌開闢浩茫茫變化久悠悠愕眙不得語形容那可侔仙樹四十圍蟠根幾千秋老幹枯不死新榮翠相樛飆馭定來止桑田行驗否遺迹信所聞輕舉當何由東南徑崇岡左右羅平疇人家散雞犬郵塢來羊牛官徵畢薪炭春事勤鉏耰土膩少沙石氣寒無麥牟荒蹊夾桃李密蔭開松楸是中可避世何勞更乘桴駢巖下蒼峭別岫爭崒崷孰云二剎勝逝

背中道休仗錫既巉絕雪竇仍阻修停雲朝漠漠剛風晝
飂飂盤磴渡方橋廣宇連飛樓珠璣錯藻繡金碧照雕髹
撞鐘食千指鳴版登百籌眞來天上居不涉人間憂周遭
富佳致徜徉得窮搜妙峰遠色湊錦鏡波光瀏兩溪赴聒
聒千丈落瀌瀌深瀑漂隨皃品潭隱靈虯倒窺凜欲眩俯
匊清可漱澗草高下積巖花零亂抽挂壁見猱捷食苓聞
鹿呦日長轉睍睆霧暗啼鉤輈修竹奏竽瑟細溜鏘琳璆
占晴喜弄鵲畏雨愁呼鳩何妨共齋鉢且復薦茶甌老僧
頗好事名德肯見投隨意栖山房無眠聽更籌念昔身萬
里及此天一陬登臨世界闊俯仰歲月遒榮辱兩蝸角聚
散一海漚塵鞅自束縛名場相敵讐不念猿鶴怨坐令泉

石羞心期晩乃愜俗駕我尚優勝具學支許奇蹤非阮劉
時哉山梁雉樂矣濠上翛聊追與公賦不歎柳子囚招招
知音子爲我商聲謳

雪竇寺　高元之

雪竇雲深處相攜到乳泉沙田春事晩山寺野花妍香飯
飢南燭丹房記景天仙居應六八更欲上風煙

小晦嶺

路自崎嶇心自平雲扃無鎖但徐行松風石瀨含悲怨中
有樵夫度嶺聲

雙雁道中　李光

晩潮落盡水涓涓柳老秧齊過禁煙十里人家雞犬靜竹

四明山志

屏斜掩護蠶眠

隱秀亭　　劉僎

僎字允叔號誾風寧海人嘉定間以特科授廸功郎

一重一巘一岧嶢隱秀寒花次第高借得翁[illegible][illegible]小艇晚風十里泛松濤

四明山中逢晴　　戴表元帥初

一岡一澗一縈隈新歲新晴始此回莎坂南風寅蛉出茅檐西日一禽來人逃白路羊羣石水卷青天雪■雷猶是深山有寒食棃花無數遠巖開

四明山中

鴈飛不斷楚天長雲路霜林級級黃何處人煙有墟落北

風高處散牛羊
山深不見焙茶人霜入清妍樹樹春最有風情是巖水味
甘如乳色如銀
小横欲盡大横來萬壑千巖洶湧開聞道洞天深幾許紫
雲深處有樓臺
亂雲穿盡得平蕪一段寒氷碧玉壺猶是春風未相識山
前吹長萬龍鬚
怪石驚湍吼不休時時巖谷飲寒牛誰知此水明州去浸
作玻璃萬頃秋
兩頬稜稜額下分更無坳處可藏雲西風怕奪行人眼蕎
麥滿山鋪錦雲

洞深煙樹碧氤氲只采靈苗不采薪問著蹤由多嬾說相
逢莫有姓韓人
七里黃泥紅樹岡西風果熟一邨香居人只道山深好三
百年前是戰場
人在山前不易尋當年已道是山深可憐華表標題處夜
半猿啼楓樹林
劉郎一去杳無蹤白水青山只故宮欲問巖前老松樹人
間禁得幾秋風
寄雪竇同長老
高山山頂寺更有最高人定起松鳴屋吟圓月上身雲藏
三伏熱水散百溪津曾乞蘭花供無書又過春

雪竇紀行　　元黃溍

移舟泊泉口我行已信宿天寒洲渚生峰回川途曲煙霞藹若高別墅在林麓

攬衣待明發石路何幽阻日出不見人林深但多虎乳峰稍已近恐懼那復數

高人欣相逢出門帶流水風生珠樹間月窺鏡池裏觸景遂成迷應接殊未已

幽尋指山椒崖傾忽如瀉俯身視木末懸水在足下冥冥巖岫中宴坐奚爲者

亭亭妙高臺迴出千峰上怪松多十圍巨石非一狀心賞孰與同昔賢有餘唱

蕭然上方境人稀知地僻中峰路難辨丹山雲仍積徒聞
古仙人石上餘足迹
詰旦逾西岡草木益深秀梯苔下絕巘坐石看飛溜陰靈
多窟宅欲住不敢又
輿移初出山繫纜長汀樹夜來雪已深溪風水難渡猶疑
鐘磬音遙遙白雲處

送王錬師歸四明山

飄飄采眞侶乃在四明山霞居朝帝所瓊管留人間忽聞
雙鳧舄却向東南還望之若流星邈然不可攀海月照階
圯天風飛佩環我何苦羈旅氷雪生朱顏

雪竇送友　釋明本 中峰

子規啼血染山花拄杖頭邊興轉賒眼底迢迢皆客路草輭今夜脫誰家

初登雪竇　　李孝謙

孝謙名本以字行鄞人有中林集

重疊危巒插太虛行人一步一躊躇天光水底分高下雲氣山腰或有無路繞羊腸緣木末人營燕壘倚巖隅靈蹤更在煙霞外欲倩長風謁帝居

虛齋贈四明王道士　　張翥

高齋閒在荔枝林曲几方牀晏坐深大道無形元寓器至人於物不容心三山雲氣通寥泬一室天光入照臨我欲壺中收藥去石田瑤草共相尋

升仙木　　鐵充之

辟穀升仙世所奇幾人到此亦成逃齊眉化羽歸何處樹老山空鳥自啼

送雪竇長老校經回里　　袁桷

鎖翠松關疊疊高坐看明月負金鼇己將禪版傳心印暫下繩牀衣毳袍聖諦無聲機獨露經筌有誤目難逃塵中白髮誰消得歸掩山寮聽雪濤

寄雪竇寺書記

清泉白蘆八月秋寬鞋瘦策十日遊石牀風冷夜不寐氷絲繞指白雪流身名杳杳雲間鵠世事紛紛蕉下鹿雨晴春暖即相尋千尺巖頭看飛瀑

送左菴大梅山閱藏　恕中愠

日讀經兮夜讀經眼光直與月爭明有時不受諸天供飢食松花骨也淸

懷四明山　明許繼

憶昨閒遊上四明石窻五月曉寒淸俯迎紅日觀滄海遥隔丹霞望赤城萬壑天香浮草木半空巖翠滴檐楹上方最念棲禪地一别春風幾度生

懷以仁講師入觀圖　釋宗泐季潭

旭日千萬峰白雲三四朶一笑山容開獨自松下坐瀑流天上來花飛面前墮此時中觀成無物亦無我

雪竇寺

捫蘿登絕頂淸興渺無窮兩目雲霞外一身霄漢中珠簾飛瀑雪翠浪卷淸風欲結茅菴住塵緣惜未空

登雪竇　胡濙

王事馳驅未得閒南行却喜到名山九天雨露隨旌節萬壑風雲擁佩環飛雪巖頭泉混混含珠林外鳥關關我來登覽承恩渥遺興留題翠壁間

居頂 洪永間俱召對

岧嶢乳竇與雲齊百越峰巒入望低明覺遺風入道統昭陵入夢見宸奎林攢寶樹珠含雨花繞淸池錦映隄二十餘年湖海上何知今日始攀躋

雪竇嶺　宋琰

逼人寒氣曉稜稜躡石捫蘿力倦登十里松風聽欲盡磬聲猶在白雲層

訪虹橋澗上人

偶攜杖屨訪禪宗峻壁層崖傍半空最羡老僧年七十一生長坐翠微中

登雪竇　陳濂

青山面面削芙容咫尺猶疑千萬峰野草逢春都是藥碧潭和雨半藏龍池開錦鏡晴波闊路入珠林暖翠重試釆新茶尋澗水一雙玄鶴下高松

遊雪竇山　楊守陳

歷盡崎嶇數百盤豈知危頂却平寬芊芊秔稌秋常稔落

落松篁夏亦寒流出乳泉臨澗口化成飛泉下巖端花宮更在層崖上月到金尊飲未闌

文懿公此詩一時和之者有金湜黄隆楊寔張應麟鄭惟廣汪綸馬鉦臧琚李諤王節范麟齊政王原明王晏孫勝張邦奇周庶宋旭張應鼇僧福沂相傳以爲盛事今選定附之於左

金湜　本清

青山疊疊路盤盤下界何如上界寬澗草已隨春色老巖松猶帶雪花寒得來方外遊三日忘却人間事萬端無數泉聲聽不厭更從高處一凭闌

上方高處卽天盤到此纔知宇宙寬萬壑泉聲隨地涌四山嵐氣逼人寒青雲學士詩偏老白髮禪僧行最端自笑遊蹤徧遐邇此心猶自未曾闌

黃　隆

絕頂山形坦似盤凌風一望海天寬半空瀑布穿雲落萬壑松濤入坐寒蓮幕芳尊開月下玉堂清興在毫端聞歌郢曲多新逸滿郡詩人和未闌

周　庶

石磴羊腸路幾盤乳峰高處境才寬四山香霧蒸人溼千丈飛泉沁骨寒仗錫僧歸明月下玉堂人醉碧雲端緣知諸老賡佳句撚斷霜髯夜欲闌

宋　旭

名山西去路盤盤絕頂乾坤四望寬古木棲雲晴亦雨乳泉飛雪夏猶寒清歌侑席聞天外佳句籠紗向壁端自恨

無緣追後轍前邨臥病輿將闌

孫勝

昌黎獨美太行盤未識名山境界寬桃漲一灣紅雨溼松翻萬壑翠濤寒樓臺突起凌雲表日月平行過樹端正是天台圖畫處夕陽吟眺一凭闌

遊雪竇寺

屠滽

弘治癸丑夏五月四日同韓文博晉徐繼之紹先陳鳳儀瑞遊雪竇秋官宋景暘有約不來節判嚴敬遠攜酒至因賦詩紀事

巍峨寶刹倚雲開此日登臨盡俊才雨散長空天有氣風生萬壑地無埃吟遊分淺秋官去故舊情深節判來峭壁

瀑泉看不厭日斜還上妙高臺

繼楊文懿而倡和者以屠家宰此集爲盛皆雪竇故事也

徐紹先

別様乾坤天際開梵王宮殿聚賢才藤龕伏虎留遺跡石澗盤龍絕點埃日午漸聞啼鳥暖雲晴放出好山來諸公賦罷徘徊久翹首還瞻五鳳臺

孫勝

東風二月碧桃開穩坐篷輿訪辨才頭上有天開古畫眼前無地著塵埃泉飛白練巖前去日駕紅輪海上來可是仙都移在此更於何處覓瑤臺

屠僑

疊疊高山面面開登臨又盡一時才上方樓閣低紅日下界松杉撥翠埃白髮已悲人化去蒼天更假雨晴來碧紗有句留遺事飛雪重重上古臺至雪竇次太宰伯父丹山公舊韻

李諭

瀑布泉香石洞開遠公風韻有遺才殘經欲理鉦敲月斷碣開看衲拭埃稔歲豐登甘露降就檐低宿白雲來一從憲節題封後夜夜清霜落講臺

遊雪竇　張琦白齋

春寺茲茲春鳥鳴竹輿嫋嫋上天行路藏幽竇千年雪雲借深山半日晴乍入鼓鐘眞夢寐相看麋鹿是平生茶鐺詩卷隨山轉未信招提宿未成

夢遊雪竇

木杪上丹梯何人手共攜緑陰飛白鷺陰澗出晴蜺落葉隨僧散浮雲入院棲疑應夢中事聽到午鐘迷

雨宿雪竇僧房　　歐陽懋茂功

羣峰崒嵂逼青霄石磴崎嶇路轉遙一片洞雲棲遠墖數灣流水架危橋登臨古寺從今日磨洗殘碑認往朝坐對老禪渾不寐博山添火話清宵

偕朱明府遊雪竇　　王應鵬天宇

山已模糊雨欲飛入山心事出山非秋風絕頂何人據明月雙松待鶴歸羨爾之官還對菊與師言別更留衣他時尚有重來約錦纜桃花樹樹緋

重遊雪竇懷陳明府不至

萬峰迢遞碧雲深松桂香清滿石林白鶴未歸僧已定名山無改我重臨卽看翠壁飛蒼雪更轉花臺憩夕陰元亮欲來來不得舊時蓮社與誰尋

遊雪竇山得生字　戴昺

雪峰峰頂寺來此定詩盟山瀑分雲影松風亂雨聲眼明春樹綠心惺曉鐘清未好言歸去塵中事又生

和屠侍御安卿遊雪竇韻　薛甲

郊外熏風倢此行插空山翠雨初晴黃鸝也自知人意到處還啼四五聲

贈古修寄迹雪竇　釋正昇

挂瓢歸雪竇寄迹老雲林松徑行無迹藤龕坐息心高峰凝靄重絕壑落泉深知爾閉關處凡夫不易尋

上雪竇　戴良才 少石

隔寺不十里登山還幾重那知白雲裏更有青蓮峰梵影入秋漢經聲和午鐘言尋樵子徑却印猿鶴蹤流水夾叢竹殘花隨瘦筇欣陪詞客賞幸遇山僧從命酒坐蔓草解衣懸古松休窺童子偈倘與仙人逢酩酊一長嘯高林生夜風

奉慈寺

梵宮方徧覽佛日正孤懸地接天台脈溪通雪竇泉雙龍出滄海獨鶴下青田萬里秋毫見羣山斂翠煙

次韻　　戴良才

窈窕循溪曲孤峰一鏡懸行輿破空翠去馬飲寒泉雞犬還邨落桑麻平野田山邨遠迎客鐘磬出宵煙青天開白日絕頂梵宮懸石溜千年雪松風萬壑泉深林通鳥道削壁見芝田老衲歸來晚扶藜入冥煙

遊雪竇　　陸鈦

山寺嵯峨霄漢間霞梯窈窕任躋攀回峰樹隱金銀闕側徑林穿虎豹關寶鼎香消知偈散石門煙起覺僧還妙高臺畔聽泉罷坐對浮雲盡日閒

古寺雲深鎖翠微寺門煙霧晝霏霏虛堂忽發鐘魚響晴瀑時驚風雨飛巖宿星河依客簟溪行花霧濕禪衣老僧

尚記前朝事指點殘碑話夕暉

王守仁

平生性野多違俗長望雲山歎式微暫向溪流濯塵冕益憐蘿薜勝朝衣林間煙起知僧住巖下雲開見鳥飛絶境自餘麋鹿伴況聞休遠悟禪機

窮山路斷獨來難過盡千溪見石壇高閣鳴鐘僧睡起深林無暑葛衣寒鑿雷隱隱連巖瀑山雨森森映竹竿莫訝諸峰俱眼熟當年曾向畫圖看

僧居俯矙萬山尖六月涼颸早送炎夜枕風溪鳴急雨曉窗徧霧卷青簾開池種藕當峰頂架竹分泉過屋檐幽谷時常思豹隱深更猶自媿蛟潛

徐愛 日仁

陟巘連朝未厭勞還能披霧出林梢雲歸滄海峰皆列秋入深山葉未凋牛臥閒聞吹牧笛溪清故得飲漁瓢輿人亦解山遊樂相和迎風過石橋

肩輿飛下四明尖衣拂林梢暑却炎山盡南天開雪竇水鍾西嶂結氷簾長風萬里來江雨濕霧千重出曉檐耽僻山人亦何意隱潭元自有龍潛

姚淶

四明形勝控青冥別有名山似武陵山到盡頭還得路雲當深處始逢僧雞鳴犬吠空中語虎踞龍蟠檻外凭爲厭塵紛久埋沒凌空故上最高層

自雪竇出江口懷汪長文　釋傳慧朗初

身逐飛流下碧霄千巖萬壑入江遙雲中山氣含秋雨浦口人家汲晚潮蘆蕩風來全散亂楓林霜摵漸蕭條故人去歲曾同棹一上京華不易招

雪竇寺

龍篆雄碑土半埋空廊塌盡偃松齋看雲老衲歸何處依舊泉聲落斷崖

再過雪竇　周應龍漢亮邑人

不到禪關己十年今來景物尚依然危峰霧合疑無地亂雪晴飛別有天雨暗叢林龍欲住雲深雙樹鶴初旋山僧己慣遊人面不放鐘聲飯後傳

宋明陽胡安父從雪竇山口號　沈明臣

衣裳都是芰荷裁帶得龍潭風雨來相對燈前說遊歷夜深雲氣滿樓臺

雪竇禪院　黃端伯

千峰寒色映孤蟾古墖浮空不露尖一代作家推雪竇堂堂拽下夜明簾

送盧子明遊雪竇　屠隆

爲愛秋山好不辭霜露侵白雲澗水合黃葉寺門深橡實充朝供猿聲助夜吟前溪斷漁牧結伴更幽尋

夜宿雪竇禪房　王惟善 抱元 山陰

一宿招提境始知人世棼峰巒拂行月枕簟伴歸雲海日

夜中見天雞空外聞遙憐下界裏塵夢正紛紛

夜度雪竇

偶集成三益尋幽到十方草淹新雨醉花沁白雲香地已藤龕外天還紫翠旁莫愁歸路晚上界有毫光

黎洲山　汪綸

蓮花紛向日邊開雲影長依斗柄迴北引羣峰朝禹穴南分諸嶺上天台黎因孫綽來時見桃是劉綱去後栽風景恍然人世外但聞雞犬石巖隈

千丈巖觀瀑布　鄭鄤

夢幻浮沉莫較量忙忙今古浪悲傷寒泉直下三千丈爲與名人洗熱腸

錦鏡池　　　　囊雲德郎周齊曾

一掬輕漪淸未了風來月入更相宜就中影影非他物無奈經過人不知

千丈瀑

山到斷時水不斷水隨流去山與流誰知遠遠溪江畔無家不是乳峰頭

妙高臺

獨立空靑天四面香光縹緲亂如漪當年伏虎人何在樹鳥雲花又是誰

老菴

羣峰眼底碧堆堆一似兒孫繞膝來或題說法邊頭事中

有老人口不開

寄懷雪竇石奇和尚　　吳　牲

石公高臥白雲端古雪長松照暮寒荒徑蓬蒿塵外斷名山殿閣夢中看虎溪笑別因陶令嶽寺聆音識懶殘寄語諸方憑問訊無勞飛錫向長安

寄懷雪竇石奇和尚　　林時對

飛錫東來丈六身曇花祇樹幾千春霞幢寶現摩尼色蓮社香分瓔珞珍萬歲塔前巢古鶴妙高臺上集仙賓怪來瑞靄蔥林遶龍象於今屬至人

雪瓢詩在雪竇寺側　　陸　符文虎

泥水身容蔽一瓢雪山乳竇久成要誅茅易倩僧家助剪

木難辭匠氏招砌下甃泉防汲遠窓前種竹賴陰饒生來畚鍤元非慣慙愧宗師石在腰

兩都廟社竟丘墟吾黨何當有敝廬錢子絹孫天厭祝宅龍墓馬鬼爭除活埋三尺偷生去小歇三途掉臂初一把茅頭曾未蓋寧馨豈合傲籧篨

小菴基址寺隅東親領堂頭指畫中習氣未除矜意適勝情猶在忘途窮檐廊計許雲爲寓磴道營憑雪作封無住相心時落想身生羽翰腋生風

生慣性僻恥言貧此日行藏敗闕眞乞米借題唐魯國辦裝發願晉嘉賓莊嚴古佛優曇像供養宮爐骨董珍白詫自矜還自笑獨餘木石正需人

雪瓢詩和陸文虎韻　石奇雲

堂堂廟社却成墟山寺何妨住薜廬𢈔沒半椽人易去庭深一丈草難除風寒耐喫非爲慣祖席堪憐念在初拚箇殘軀如此過未言謀道合籧篨

一分情少一分貧貧到無貧始見眞片地明明休問主春風浩浩自來賓新篁滿目皆吾友古塔當陽豈外珍端的不須他處覓分明時待可中人

不居西嶺不居東小址人人顧盻中雅構可娛林下客傾囊那惜手頭窮山楣效我茅來葢竹戸憑他雲自封一室晤言欣得近免思千里有同風

和雪瓢詩　山夫正

荆草叢間來結瓢名山曾向夢中要石田耕罷翻書讀竹徑吟還把鹿招淸嶂數重供眺遠深溪兩岸得淸饒空懷聖化慚何報古像焚檀三折腰

和雪瓢詩　　黃　基

久羨名山絕點埃何時選勝跨驢來不須掃徑除殘雪偏喜烹茶當緣醅松嶺接天雲易合蓬門會月夜長開寄聲地僻窓幽處容否頑民屐印苔

妙高臺　　陶履卓岸生

霧闕幾破造危巔駐足平看只眼前鳥語原閒非定定松風乍戞豈緣緣祇同莖草雲中現漫說須彌象外傳宴坐焚香忽自笑寒煙漠漠起平田

宿雪竇山房　錢柏齡介維

磵路勞登頓山房喜靜便薄寒花落候殘夜月昏天榻小甜宜黑眼遲夢易圓更無餘事擾詩思曉鐘前

千丈巖觀瀑布

谽崖如裂匏飛瀑自高原雪吼懸千丈雷轟聚一門亂騰珠沫碎直下玉龍尊落日青巖外茫茫灝氣屯

妙高臺即事

松徑穿來白日青竹林高處石臺平已驚山勢芙蓉合更愛嵐光翡翠明虎洞百年豐草長龍湫幾折瀑流傾行吟坐話忘歸久費盡僧寮蟹眼鐺

登千丈巖下瞰瀑布歌　張錫璜

何年雷斧鑿山巔晴雷萬古摩青蓮我聞狂喜覓僧伴林
深躋險步蹁躚嵐飛滑磴盤鳥道日冷松濤奏繁絃須臾
壁立青雲梯脚踏洪流千丈懸白虹渴飲奔陰壑神龍暗
墮噴腥涎晶盤驪珠散鮫宮瓊膏玉屑飛藍田梨花亂落
春雨後素練長垂琪樹前封姨醉舞崑崙雪馮夷怒吸銀
漢泉下有澄潭摇空碧層崖翠滴鳴濺濺狂飈倒捲綠蘿
帶撲面寒雨迷蒼煙亭午日射幻精光晴霓縹緲朝霞鮮
九朶灼爍蓬島氣疑有羽客燒丹鉛乍聰驚魂落花絮貪
看雙足忍針氊孤松解意立巖側獨偃虬枝扶危顛安得
翔空面絕壁終日笑拍洪崖肩嗟乎山神好奇何太酷故
使峭絕愁夤緣鞭山驅水五丁力胡不移置妙高前老我

此中臥白雲長嘯凌風聽潺湲余聞匡廬瀑布天下美黃
山水簾多神仙雁宕龍湫最奇絕不識與茲誰後先囊中
五岳行須製脚下雙屐何時穿名山半落招提內笑謂老
僧欲逃禪歸來潑墨掃繭楮遠岫忽暝雷雨連歌成放筆
向短榻一夜山樓驚客眠

雪竇詩　　　　　　　　　　李暾

張亦姜豈羅謝漢倬冒雨約遊雪竇恨不同行三日後
兼行入山雲日相欺山花爛熳一路可人不覺至山
門矣

萬壑千峯一徑深芒鞋布襪十年心先來遊屐風還雨遲
我山行晴半陰薄暮寒生雙澗水輕煙青鎖萬松林久聞

雪竇令才到欲與支那次第尋

到山知三子過東谷余即訪尋聞余笑聲歡呼遙應山房闃無人野徑蹤三子聽鳥千百聲穿嵐一二里禪語出雲間茅廬寄松底好友聚艮辰春光供高士鋤筍煙生廚烹茶香盈几高懷遐茂林清談映碧水古樸自移情塵氛頓脫體夕陽閒掛山東谷遊方始

次日早起雨意晴光朦朧難定余沒意登千丈巖瀑布怡情稍解余渴

懸崖千丈俯萃律飛泉一片生凜栗目注纍石成奇觀身倚危松叫快絕怒勢朝朝不暫停細雨霏霏無時歇立久脚旋生浮雲看到眼花走峭壁氷綃萬縷散狂風霞縠千

絲幻杲日片片落花山外飛翻翻翠葉空中設但能領略
契山靈何用棲遲結茅草
午後登妙高臺煙日凝光峰巒積翠豁焉一笑心目
俱爽
幽深上雲衢崔巍立天表四顧山青青幾處日皎皎寸心
任逍遙雙目馳縹緲但知萬峰低不覺一身小和風拂人
衣巖花飛樹杪秋光更何如春意自然好
登臨興濃步履力弱各持杖徐行至上雪竇午飯已
而復進
濟勝慙無具風流許掾便我惟憑杖力身亦上山巔屈曲
竇中竇輕浮煙外煙累心都盡矣逸興自超然

短衣緩步探上中二隱潭水勢奔騰山容陡峭余附
葛攀藤高坐危石復沿溪一里許涓涓流泉噴下離
壁崎嶇經丘窈窕尋壑消憂寄傲樂而忘歸
足力無幾何漸落衆人後逶迤息山腰舒嘯臨溪口冷風
四面生淸趣一時受臨深惕危機仰高對奇友歷險不辭
勞尋幽何得苟試擬大龍湫奔騰得似否動則鬼神驚靜
則藏納厚逝者如斯夫一悟同不朽

妙高退禪師前朝甲子孝廉先大父同年友也甲申
之變投老於此肅拜墖下悲慨橫生
塵氛滿地逼公來咫尺家鄉竟不回杖鉢久齊生死路風
塵不上妙高臺西陵長抱胥潮恨東浙原多熹廟才分付

勾芒無限意冬青只許墓前開

下隱潭爲雪竇最奇處訂期數次終負宿心因與老

僧歷談其勝以俟異日

亭不問崎嶔山徑披榛莽到彼豁心胷石坡數畝廣危巖

若偃松隔絕人世響山花開不羣石筍立無黨中藏幽僻

區玲瓏亦漭瀁雲斷自溼衣日高長隔壤颼颼走百靈泠

泠無一想余聽老僧談狂叫復撫掌欲往不可往欲往不

可往天地留有餘夢寐勞幽賞

出山後思勝遊難再不可無詩冥尋追寫遊於此終

正於此始矣

同人東西散遊子寂莫歸細思向所歷閒對朝陽微心目

運靈廓巖壑供指揮悠然自深遠斗室生清輝高枕作臥遊靜掩兩竹扉

四明山志卷七終

四明山志卷八

古吳後學周　靖　訂

遺獻黄宗羲輯

姪　炳

男　百家　仝校

文括

四明山遊記

沈明臣

余生四明餘五十七年矣嘗走吳楚閩粤間凡佳山水處率謀裹粻遊而顧於四明山未嘗一陟其顛何以稱四明人哉今年二月十日與汪生禮約期是日雨乃買舟至鳳嶴口肩輿入山踰藤嶺渡莊溪又踰江邨嶺過翠山寺寺廢寺前橋大石跨溪高空谷中有此白壯偉云宋太師張

衛國孝伯家所建衛國墓在山之東山麓有金雞洞僅
石罅耳稍入數里曠焉土田山盤水匯是爲大雷山汪氏
世居焉然謝遺塵隱處不在是雨不休客汪生三日夕
與生父參軍仲安君對晤討論故實參軍不飲酒余病亦
謝不飲燒燭啜茗甚適也已而晴與中表昆弟三四人及
汪生踰干嶺入魏嶴拜中表伯父墓嶴中清溪窈窕白石
瑤草滿澗聲潺潺出竹樹間與松濤相答響余樂而留之
移日汪生曰溪上山田皆履約家物當跨溪結樓數楹割
田十畝供先生隱具先生願賜可之余曰諾吾將託是老
矣汪生乃姓是溪爲沈溪云午炊而還參軍乃治具挈銅
鐺遊葉公廟云此鐺出貴竹與吾俱二十年客無當者閤

不試乃今試幸爲我賦之余曰諾是日望歸途月色如畫少憩東山之石水木清華湛然相照明日與參軍別於是汪生乃買兩籃輿輿人四人從者各一人結束問途輿人曰先往杖錫寺乃可尋四窗杖錫去此尚八十里而遙仍踰干嶺西行一大溪東注紆回不知幾折石齒齒離立水穿罅中行若游龍走虬雜以杜衡蘭茝菖蒲射干之屬其源蓋莫測所自淙淙作響東西谷應兩崖山秀麗幽峭行二十里所踰一高嶺山至此皆插漢所謂大雷尖小雷尖相聯絡而起大雷尖一曰南雷此正謝居士隱處前汪氏居蓋借是名耳始知前大溪源出此嶺之西萬峰千壑若驚濤怒浪擁翠而來嶺西水西行又與一大溪會大溪源

蓋出西北斤嶺至小皎南流曲折而至它山入郡城矣溪中有行舟嶺上見西北諸山皆際天遠望極西南向走者岡脊平衍約可三四十里雲興霞蔚豈志所謂過雲者邪過雲一曰雲中居雲之南者曰雲南居雲之北者曰雲北下嶺而稍北折西一溪凡兩渡北山之麓曰小皎溪上有齋堂廟廟額爲張卽之書不知事何鬼像塑出宋人手小皎郵盡表石界餘姚爲龔郵爲石壇爲斤嶺而小皎溪一支南入爲蒜坑小菴一僧一行者一午炊而去高下皆南行高爲蒜坑嶺又踰苦竹嶺行二三十里見所謂大闌山者若屏障然而所行二三十里路皆在岡嶺之顛險巇者四五里腰山而路高者出雲上四面峰矗起下而壑者萬

尋色赭而童視之黯黮深闃中斗絕若鍋釜然行者趾錯鍋際心悸目眩如履九折之阪不能舉足乃誡汪生閉目定神聽輿人不語徐度乃濟回視大山下有數十家煙火出林麓問輿人曰此正石壇龔氏居也正嘉間有侍郎公名暉者起家進士蒜坑東山高可與南雷敵山之陽卽大皎鄞屬而所行五六十里間委蛇如蛇山嶺皆犬牙錯忽鄞屬又忽餘屬忽界所緜分處有大田同畝土人略以小塍樹封云時野燒滿谷白煙起蒼藹中望之茫茫然若漲海也雖善畫如吳顧王李諸君恐亦未易措手又踰錯愕嶺又名錯愕巖巉巖崒嵂徑路如線穿雲霧以上磴纍細石盤繞趾蹠磴隙磴滑卽墮傾跌數四始及顛而下益峻

險手援竹樹足藉朽株蟻附而下山顛石皆林立峭拔列若屏者挺若筍者若獸而奔者若鳥而翔者龍而偃蹇若者蚪而盤旋若者若窪者作坎若柱者作突若梁者作橫若袖者作舞若手者作伸若圭者可執若刀者可割人而若僧者女而若鬟者壁立而去尺許復壁立而起若鉅斧劈者不可枚數山下巨溪南繞溪中石亦大小錯高澗飛泉蛇行而下若雷若風若磬若鐘若竽若籟若笙若鏞若擊若崩若扣若撞使人目不及瞬耳不及審乃坐大石歌滄浪之詩以行登一小嶺繞而南出乃一曠土寬數十畝者有沈氏居焉地曰柿嶺家戶業紙屋後山如屏少憩買酒餉輿人野老一人欣然出酒殽相勞苦乃爲三酹而起

由錯愕而東十里所云有漁湖在宇巖下今業己爲葉氏
宅湖蓋僅存一溝矣未及遊又度一大溪溪卽南繞者復
折而北問之亦云出它山溪上卽又嶺行殆未十里日沒
矣是日蒸熱若長夏天朗朗霽忽陰雲一縷起日下卽大
風震蕩山谷響應若雷霆怒擊雲涌出南走頃刻冪六合
雲黑如靛野燒出山頂狀若列鈹光閃閃爍人亦一奇觀
輿疾走首不及數囘咫尺不辨人馬輿人懼奔逸趣投仗
錫寺雨闇不下僅入門大雨澍人皆云龍起耳明旦人從
谷口來者云江海覆舟以十數溺死者如之俱山中人操
舴艋出定海者篾工耳暮入寺時三四僧出迎客雨中煢
枯竹風翏翏在樹萬竅怒號竹光死堂戶皆震動酒數行

雨罷乃罷宿遷公房遷汪姓長文族屬旦日陰復風旋作雪旋止僧云天陰卽雨雪不問冬夏也蓋計平原至此萬三千丈云飯罷風不濟起策筇出寺門有古松一東南行復東折循山麓半里所方石圭立道旁曰屏風巖高丈五六四面稱是東面鐫四明山心四隸每字大二尺許志謂出漢人手誠然非後代人所能辦也南面有慶豐字風暴甚不能久留山顛亦有怪石不能上回寺中午罷風濟復策筇出寺門西行洞石作橋寺前田百餘畝瀦諸澗水滮滮出橋下兩山夾而走岬如也溪斗絕率一里許率二三里許懸水數十尺潺潺下爲級者三最上者爲洗藥溪一級鐫三峽字二級鐫潺湲洞字三級不鐫字鐫字在南麓

之立石曰過雲巖巖下溪橫一巨石如梁梁上坐可十八葢過雲字雖鐫此此徑路窄仄無二十里又南北鮮居人當非雲中前所謂大闌山者無疑矣僧云雲時人到此腰以上出雲上腰以下沒雲下耳僧曉僧榮侍遊陳果核梁上酒三爵還三峽北山之椒有片石突起刻中峯字如斗大篆下刻經語楷徑寸蘚蝕不可讀云下有再來石榛莽盛不可尋復攀崖上稍西復有片石突起石背中穿仰睇天見一線劃一石刻石窗字楷大小如中峯旁有款僅開慶字可識餘亦蘚蝕會日暮還寺中明日戒輿人行僧榮從仍由三峽西出南折過一山若井陘然至大俞溪溪東西皆居人西俞姓東卽寺莊溪闊數尋步石作渡水紋縠

坐艮久時山桃作花瓣流鏬中錦錯僧呼土人俞姓者一人先道西上嶺卽四明山也輿行殆里者十盤而陡者數處漸行漸高見兩崖皆有高澗落翠微中或見或隱樹杪濕而四山益高峻西大山端秀而長山椒石矗矗起童色蒼赤是謂白巖頭土人語訛不可辨詳辨始解云蓋四明山之前山相隔一巨溪溪南繞而復北折爲大俞溪去里二十踔遠矣然望之山不復也至是不可輿土人前道者斫荆榛取徑南入二三里許山俯而復昂崖窮壁立蓋幾千仞下睨潭水黑臨厠不敢窺窺輒眩厂稍西南向者亦骨立水滴滴垂腰穴而岫者四卽石窗也號稱四明者無徑路隨道者縱横下上援竹樹匍匐至厂下石确稍陂陀

凸受手縮凹內趾蹠橫上十步達岫口是時日正亭午光
不中入中岫稍深丈闊如之中臥一石隔爲兩岫乃俯首
入躬曲不伸出厂口伸右岫僅容臥一二人者左岫吞三
四人臥石五色錯仰視若網狀亂石珠綴大者鼓如中者
斗如小者丸如細者粒如中岫石一鼓如而平者題曰懸
鼓厂口石一磬如而折者題曰垂磬中臥者題曰片雲厂
口平立如壁者而不下盡題名及歲月右岫半壁陷者尺
題曰藏書處余擬著一家言寫副本託是以藏之第恐山
靈不我呵護矣字皆汪生手書分篆楷行草具惟懸鼓仰
書滴石乳作墨瀋云下視溪壑雖斗絕淫鬻然石藂藂
草樹以故不甚怖愕第力罷少憩果餌氣稍充志所稱青

檽子鞠侯俱尋不獲鞠侯猴也見人或深匿問土人雖老死亦無識青檽子者鹿亭樊榭亦不可尋又云樊榭即白水宮蓋在西四明云志稱二百八十峰四面各生一木東生梓西生松南生柏北生檉今亦無所辨莽莽榛榛蒼翠雜植無不有也無慮二百八十峰也爲巒爲嶂爲巘爲巖爲岫爲洞爲崦爲嵏爲岑爲嶠爲嶺爲岡爲壑爲谷爲谿爲磵爲瀑爲潭爲淵爲碕爲崖爲坻爲陵爲阜爲窪爲皋爲壘爲臺爲壇爲壖爲埒爲墠爲陘爲壟爲陜爲阸爲隘爲礅者亦無不有之望之斗絕懸者嵱嵷高者嶙峋而節級者岭嶫深邃者駊騀而聳者嶫嶫而雍者厜㕒崒者下侈上銳者上蓋下哆者首昂足斂者身縮手足舒者腰細

而股大者稜嶒而峭削者端委而尊嚴者奔騰而去不留者怒發中止者戴土而崔嵬者戴石而砠者土石半者多草木而岵者無草木而童者蒼辟者赤而復者黃白而上下截者紫翠左右坼者嶧而屬蜀而獨者上正章者宛中隆者甲大扈小衆歸者岌者峘者堂者室者盛而防者墮而困者重甗而隒者庛而岸分者水之樛流者澄而紆譎者谽呀瀺灂者噴灑泄者湁潗沸者汩瀄而漂疾者渟瀦淵墨者澎湃訇磕者盤紆岪鬱灦瀁滲灕又無不有之會迫日暮仍返寺明日辭仗錫南出高下壇曼阻陪陂陀不知幾百折乃踰踋躅嶺童岵半至徐凫巖一曰徐無巖陡下千尺瀑垂半壁忽內陷陷窮復突削廉故瀑濺作煙霧

狀飛灑殊態若白日走怒雷三面壁匣句廉側窺而頭目
眩熀竦聾神悸矣強起策而臨厠風倒激珠雨射霏霏濕
人衣帽思從陿中仰視四山環阻谷口南入三十里回遠
矣躊躇而去去十里復得一隱潭瀑視徐鳧巖三面亦壁
匣小較徐鳧四之一級石而下仰視殊怏心目云下復有
二潭潭俱龍伏稱靈焉陿中石齧人足不能去去又十里
爲雪竇未五里有上雪不及遊雪竇山曠然四豁紆紆城
也闕其南闕外青峰屹起若芙蓉撲翠是爲小晦山寺曰
資聖殿毀今存者不甚飾亦不甚宏敞一浮屠立殿右云
爲雷火所燒山門高四丈許新立十六夜爲風壞僧云龍
怪也寺前田寬二百畝有含珠林今亦地有錦鏡池今田

有古松一如馬遠畫視仗錫尤大大可三四圍松下橫石
梁兩磵夾左磵出梁下合而南流爲瀑布瀉千丈巖稍不
到巖十丈許橋而屋者十楹余題曰瀑上橋千丈巖瀑亦
視徐凫巖而下深過之半石忽作盤仰承瀑瀑至盤碎擊
而玉屑飛聲吼空谷不雨而雷日光蕩射恍恍電上有飛
雪亭瞰崖之阻故太守雲間沈公作遊記作詩碑焉風厲
不可亭亭碑亦仆由亭西上爲妙高峰臺如峰名今毁有
平敞地昔僧院云僧有道術虎伏就食嘗結藤龕棲其中
峰石隆然平者三盡處壁削奇峭望之巖巖也四面諸山
嶔崟險塞交錯如繡時陰晴互異色幻變誠妙且高矣南
望爲大小晦小晦近丹崖青壁信當界之仙都記有寺爲

奉慈坑爲桃花俱不及尋從妙高還由瀑上而東兩山坳中亭碑宋理宗應夢名山御書入寺路由此由山南轉下白泥岡下陋中臥對瀑布勝益奇視隱潭宏而肆哉潭受瀑黝然沈沈廣可畝餘水湄芙容叢生又云生雷公藤白泥岡土獨堊餘土丹兩僧日侍游一戴姓一陳姓俱鄞人明日辭雪竇出由白巖至溪口皆岡嶺間行不甚險漸行漸下矣有雪竇禪關亭買舟溪口還過蕭王廟過同山過烏山過江口過徐家渡過三江口景淸曠饒水竹土田肥美故句章之墟在江口山陰水陽或湍或瀨或淺或深或潮或汐至北渡暝矣上眺江橋四望北指大雷示履約曰汝得無白雲乎思哉過三江時讀盧柟詩柟註誤入法網

濱死者數四十三年始出獄讀其詩楚楚悲焉至家燈火熒熒起是爲二十一日也明日送江生還山乃命毛穎記事如右里計二百七十有奇日計十有奇山中土色丹者計三之二故古記曰四明爲丹山赤水洞天一曰赤水在象山萬曆二年歲甲戌鄞人沈明臣記

四明山遊籍序

余寅

四明山不難遊難在從大雷入沈嘉則之輿其徒長文者之遊四明山也從大雷入矣往王新建遊四明從餘姚入從奉化入稍夷從上虞入則又夷從餘姚與上虞等而大雷最不夷莫從大雷莫睹所謂大闌錯愕諸勝天以險故勝人以險故得盡勝其斯然邪嘉則爲余言未至四明五

十里從版障望大闌四明大觀了了矣顧莫得所謂四窗者即王新建亦莫克睹也而嘉則與其徒披莽技路取於必得悽意當前篇題頗忞詭陵汎邁礧磈厥辭然止矣觀四窗耳四窗而上峰頗不相直而斗絕豈其絕巔哉嘉則迫日莫不得上他日者扶筇獨往其觀益奇當爲嘉則補記萬曆甲戌秋日余寅

百雲山鳳鳴洞記　黄忠端

古虞有鳳鳴洞在百雲深處其山據邑城之南洞祀眞人像設爲女冠科舉之士於冬至咸徜祠中夢卜多有靈驗癸丑歲余與鄭奉莪家元素往五月之望自黄竹浦登舟梅雨連旬山色蒙晦至是微月江濤如練忽而長飈驟起

澎湃發於水上舟行甚駛遲明登陸造山之麓流泉奇石青林文篠百羽啁啾其間石磴曲折南行徑窮無路突然層巒複澗迷亂不知處所始歎靈境非仙眞莫可當之菴故址在山阿僧悟定移建於上楝宇粗備牆堵大立從方丈左旋數武爲鳳鳴洞雙峽陡開峭壁嶙峋插天其中谽然窈窕如室闊三丈餘深十餘丈上之闊視下損三之二其頂穿仰而見如氷裂者天光也裂處有危石圓而傾僅而未墮又有古木扶踈似荇藻凝結氷中瀑水數十丈瀉於室中之奧而雨絲氷雹遠射室口聲如崩雷惡浪驚人心目不特其景過淸而已也相傳有眞人吹簫而下其音若鳳鳴此洞爲鍊丹處矣眞人姓名不可攷按神仙傳曰

魏伯陽與弟子入山鍊丹丹成伯陽與一弟子服之入口卽死其二弟子不服出山伯陽及死弟子卽起而去附書伐薪人寄謝二弟子二弟子見書始大懊惱所謂入山者卽此山也像之爲女冠亦是杜十姨之謠莊周之綽約若處子豈眞處子邪夫眞人處倒景之上其視人世之富貴無異塵垢著體埸屋之一得一失蟲肝鼠臂何所輕重而乃屑屑較之示人於隙馬風燈傲爲先覺乎噫吾知之矣天下之人愛惡攻取塡其靈舍故糠秕能易四方之位心如太虛太虛中爲塵幾何蓋不俟算數而得了然眞人唯無所知故爲欲知者之所求也是以鏡無妍媸之相而人之妍媸見於鏡中水無星月之形而天之星月涵於水底

亦若是而已矣

過雲木氷記

黄宗羲

歳在壬午余與晦木澤望入四明自雪竇返至過雲雰靄淟濁蒸滿山谷雲亂不飛瀑危弗落遐路沓然夜行撤燭霧露霑衣嵐寒折骨相視虩氣呼嗟咽續忽爾冥霽地表雲斂天末萬物改觀浩然目奪小草珠圓長條玉潔瓏鬆插於幽篁纓絡纏於蘿闕琤琮俯仰金奏石搏雖一葉一莖之微亦莫不氷纏而霧結余始愕而歎曰此非所謂木氷乎春秋書之五行志之柰何當吾地而有此異也言未卒有居僧笑於旁曰是奚足異山中苦寒纔入冬月風起雲落即凍冷飄山以故霜雪常積也蓋其地當萬山之中

顯塵沸響鬲鏑人間郁煙佛照無殊陰火之潛故爲慂陽之所不入去平原一萬八千丈剛風疾輪侵鑠心骨南箕哆口飛廉弭節士囊大隧所在而是故爲勃鬱煩冤之所不散溪回壑轉蛟螭蠖蟄山鬼窈窕腥風之衝動震瀑之敲磕天呵地吼陰崖冱穴聚雹堆冰故爲玄冥之所長駕羣峰灌頂北斗墮脇藜蓬臭蔚雖焦原竭澤巫吁魃舞常如夜行秋爽故爲曜靈之所割匿且其怪松人楓磬石罔草碎碑埋塼枯齒碧骨皆足以興吐雲雨而仙宮神治山岳炳靈高僧懸記冶鳥木客宵萃幽深其氣皆斂而不揚故恆寒而無燠余乃喟然曰嗟乎同一寒暑有不聽命於造化之亢同一過忒有無關係於吉凶之占居其間者亦

豈無凌峰掘藥高言畸行無與於人世治亂之數者乎余方齟齬世度將欲過而問之

漁澄山雲賦　黃百藥棄疾

人生渺爾寄息高厚觀鬬隙中誰知勝負波頹風靡之中超然物外者何有嗟余支離病廢疲曳乎羊腸九折田園則己傷心於茂草弓治則失深研夫蠹穴自少壯而衰殘課邨童以自活非陸機而燒研異班超而投筆以海闊天空之境深自藏於蚊睫雪泥鴻爪館穀漁澄有類枯魚窮鳥蔽身蓬藾嗄呷浮萍福地之神仙已逝空山之掘藥無朋不召愚神之夢難邀漫叟之名況斯山也拔起萬丈風土與下方迥異寒同塞北凜冽暑有嶺南瘴癘苟非蚩蚩

貿貿者不居徒容數室山農之飲喙佳卉不生另有無名之嚴花谷草緐榮珍禽不集惟有驚魂之怪鴟怨鳥啼夜皦日割耀於亭午冷風淒心於盛夏非憂亂而正月緐霜非災沴而屢書木介蓋流峙之爭奇不勝狀而玆獨狀夫山雲之變態厥惟玆山首出羣峰竅爲口鼻自有響欬翕張吐納吁吸亦猶土囊大隧風之所由出而又草木蒙茸陰翳蕭瑟幽篁山鬼雄虺治鳥陽和之所罕及當夫天碧山青而石罅沙脣始生甚微蠶吐獨繭蛛散游絲飄纖細縷脆斷輕颸孤興梟梟疑博山之香篆漸出紛紛猜諸塢之晚炊或遠飄而排秋空之雁字或上蟠而結碧落之靈芝或喜伴幽閒庭院頻窺淒寂窗屏拂琴絃而宮徵還清

逐孤磬而餘韻同飛或始希微而忽彌漫不知外合者何自或初浡滃而旋消歇不知已在者何之或殊明晦於一區或分氣候於一時明媚則蜀錦濯江輕清則文縠生漪更駭乎勃興而涌也恍如怒濤倒瀉有長河之急直拔超崐崘之高逢混沌於俄頃變昏黑於終朝鼻聞爆餘之隱臭有硫黃臭耳聽遠鼓之亟敲雲發有聲何啻百萬甲兵齊赴昆陽之陣衣冠萬國同拜冕旒之朝且茲山深邃苦寒殊絕西火乍流而華戶塗泥北鴻未至而地爐燒葉天籟怒號山移木拔壯士魄褫重裘膚裂於是有不待夜降之嚴霜不從天雨之積雪著樹有霧淞之名雨過有木氷之結皆是雲之所爲而有種種之殊別至若奇峰夏起魚鱗秋列衆

鳥夾日以異書登臺望物占凶吉諸故紙之習談余則略而不說嗟乎山川出雲流行覆冪成下民之仰觀縱未有若余之獨得其親切惟余身因幽谷睹日無期既不能騰風雲而沛當時之利澤復無緣附青雲以冀後世之聲施草薦繩牀白雲同臥鶉衣敝緼閒雲是披苦月夜臨歎愁雲之積隴酸風晨起畏川雲之入帷一似嘹唳驚鴻傷切夜雲之生殊非阿房澤雉同伴寒雲之棲楚絕命辭曰玄雲泱鬱將安歸兮雖然君子豐學問爲倉庾肥道德於藜藿視富貴如浮雲雖疏水而足樂余以清白家風居身窮約大苟殘編是守非義不作動與天游寄情寥廓臥松雲以白首俯仰焉無媿怍視彼人世榮華之飄風不以易我

之孤雲野鶴許曰蓋頭一把塞洞一丸雲之窟也芒鞋曳
足青藜攜手雲之流也煙霞爲餐猿鳥與友雲無求也但
願隱處抱石之雲莫無心而出岫長得偕我於此悠游也

鳴鳳洞紀游　黃百家主一

古虞鳳鳴洞在邑城東南之白雲山先王父忠端公有記
先遺獻有詩俗名仙姑洞傍有仙姑祠王父殉難後王母
姚太夫人偕先母葉淑人嘗禱夢於此王母夢仙姑示以
隻手手後祥光燭天成五色卿雲吾母夢曉日照竹林亦
有祥光瑞靄時余尚未生也已吾母復如前夢而生余因
乳名竹是茲洞於余家有夙契焉城北爲東浙水陸之路
余每經此望城外東南山上浮圖矗立以爲洞祠即在浮

圖下嘗懸揣一仙姑洞之景像久貯胸臆問庚辰十二月二十日以訪邑侯陶君穎儒寓居城店次日出東門覓朱郕族人亮工爲路導至浮圖山陽去洞尚十里並麓緣溪山路窅深氷石滑足近洞一里許歷磴而上殘雪尚尺餘環觀景色與意中之境絕異及入祠中見仙姑像設則又歷然如熟睹因爲惝怳者久之夫物非親覿終難以意想懸摩抑盤捫燭大都然也若夫身所未歷又非意擬而忽焉當前如同熟睹者此則何解豈如子瞻判杭凡所游覽多似重來所謂身前生後之談果有其事乎獨是以仙靈之先覺假夢示人宜無不驗手後祥光手音同守吾王母氷蘖節守而有子爲先遺獻滂母之兆耳目灼如顧乃孤

孱不肖易不易于不于應世不能離賤貧絕世無以傳家學邇雖志切父書而景昃桑榆苦多去日竹林曉日太人將何以占之耶迄今王父之去世七十餘年王母吾母二十餘年吾父六年冬殘歲晚氷雪滿山余小子煢煢孑影行年五十八始得來此思此山之磴路與此祠內外之庭除階級皆爲我先世兩代父母之所經因追想當日前後步履之行蹤禱夢之寢處輿從之舖啜往來一一低回繞步晤索潛思山上黑林中有怪鴟作鳴鳴聲不知失聽幾許也洞在祠左不二十武瀑流爲氷柱所咽虎趾縱橫印洞外雪上恐日莫返步入城

仗錫寺碑　烏斯道

古之逃空虛者必靈境奧區擇而居焉至山水之氣閟而不泄神呵鬼禁人不能迹而見者尤爲佛者所專若仗錫寺是已其地南去郡治可二百里山深入萬壑中蛇盤斗折而上重巒疊巘峭峻際天勝槩絕世至峰頂頂扞而爽塏可廬清流散飛灌木層翠晴必霑潤暑必挾纊雖樵者靡常至四際又有峰二百八十有一回合起伏雲霞蔽虧內七峰尤瑰異郡諸山咸莫之與抗唐龍紀元年有石霜下長慶二尊宿去藤湖肇基於此寺建徒集天祐三年吳王錢氏賜今額十傳迨宋之天聖四年太白已禪師由天童飛錫而至土栗薦羞猛虎馴伏學者景從寺以增觀後其徒以禪師德隆名重足以開先裕後尊之爲第一代祖

師寶元二年額加延勝繼兹席者類多碩德雲栖霧食燈傳香衍實東南之望刹歷歲滋久寺或燬或復傳五十二代遭時孔艱窘於徭役費如丘山貲産垂罄僧日竄匿寺日摧毁至仁讓公負荷法任痛念諸祖創業之難倡道不匱苟不撑本枝葉以亡雖有智力者出求興復如故惡可得哉於是殫心瘁容躬走官府招亡植壞保守先業於綱紀靡爛之後甫七歲珠環璧全俾圓領方袍之士不觖望令住山起予公又力纘遺緒薦揚前休託章蟾書走永新請於予曰寺舊有顛末載諸樂石以灾而不存兹不紀述則建初之績圖存之功咸泯滅無傳敢辱先生之文明始顯今以貽厥後余謂昔諸祖必處夫高深靜僻地者蓋以

明心繕性非遠紛去譁一耳目之官不可也若茲山者豈易致基業豈易圖哉自佛法入中國法有沮行寺有興廢莫有常者元運既圮天下大弗靖寺悉廢於兵燹吾郡幸無恙而廢於艱難者又十九焉茲仗錫寺將絕而復振雖諸祖之願力深重亦讓于二公之力也以世間相論之寺有興有廢以正法眼睬之寺未嘗有興廢也然不有世間相何以明正法眼哉自茲以往比丘是山者鑒往懲來使是寺益以永久得以考鐘伐鼓大宏講席以正羣妄則其功德又豈忝於諸祖也耶寺之棟宇土田與夫山所入之利具刻諸碑陰

雪竇全錄序

吳　甡　號鹿友　別號柴菴

往崇禎丁丑歲冬予友黎太冲結菴城南煙水間延請石
奇禪師師至則掩關焉予與同邑魏司馬實吾特往謁師
師韻格靜遠相對穆然久之而退雖未領玄機然已仰門
風高峻矣師啓關後昭陽語錄出予爲文序之自是復入
天童望重緇海予牛馬走蹩躠風塵燕豫秦晉靡不游歷
不意大運崩迫皇輿告傾至於今日中間消息茫然江湖
倒地簸蕩遹遺無有定棲乃復臥病潭西閉戶悲吟有似
苦行頭陀師以甲申開山雪竇從荒殘灰燼中莊嚴寶刹
每欲追隨道侶走乳峰鏡水中快承色笑而渺不可得惟
時形寤寐而已丁酉冬際聞師挂錫南菴賦詩草牘命小
兒元萊特往問訊而高詠素札同日俱至古人神交不介

而合亦猶是哉師念歲月易逝後會難期乃於返棹歸山之日訪泊荒村魏司馬墓木已拱太冲衰病畏寒不能出戶予白髮盈顛年臻七十仰瞻黃面瞿曇亦皤然一老矣師謂所見海內諸老淪亡殆盡止柴菴一人在耳相對凄然師肯留一日下風問道則曰且靜坐予曰年已衰邁且種下種子以俟再來師曰又推開予自惟靜坐之說先儒程子屢言之當仁不讓吾夫子諄諄勉人亦豈有異聞乎次日早師坐舟中對語半日商密義則開顏微笑述往事則掩袂長吁行二十里許止小村飯畢握手乃別而竊謂平生艮遘支公之於玄度遠公之於淵明風致類然高足山夫語柴菴云歸當爲師刻全錄幸柴菴爲之序予故述

今昔因緣如此師承源臨濟遡派楊岐固支遠以上人子則自附陶許云爾若語錄所記大機大用本色接人須上根自悟師二十餘年說法原未嘗著一語予又何能贊一詞哉

化安寺緣起 己酉　　黃宗羲

化安寺在餘姚通德鄉之剡湖廢於弘治正德間碑碣無存縣志云化安講寺後唐清泰元年建宋大中祥符元年改賜普圓院宋會稽志云普圓院在餘姚縣南三十五里後唐清泰元年建號化安院大中祥符元年改賜今額然則稱化安講寺者元以後事也其見於他傳記者宋史陳槖列傳槖字德應餘姚人以權刑部侍郎謝事歸剡中僑

寓僧寺日糴以食處之泰然初讀宋史以剡中爲剩縣及考城塚則云宋侍郎陳槖墓在化安山廬舍遺址猶有存者所謂陳園老梅殭仆尚是數百年以上物始知剡中之卽爲剡湖僑寓僧寺之卽爲化安寺也元虞集狀餘姚州判黃茂云附近有化安永樂二寺府君皆捨田山於僧永爲子孫藏修遊息之資州判者吳草廬高第弟子予之九世族祖也宋玄僖詩集五月十四日過應平仲書塾共夜至明日雨不止有懷藍溪許月山化安眞淨源天晴獨跨蹇驢來准擬書堂一宿回野色幾年連白首雨聲半夜落黃梅南山樹對高僧立東浦花隨處士開親舊有懷難晤語出門流水沒蒼苔南洲洽雨軒集有送坦達中住姚江

化安詩云深居亦矯俗用世非我期徘徊越壠坂所重遭
明時商飈薄江渚蘭蕙幸未衰爲言采芳者何以遺所思
宋元僖召修元史博洽爲建文皇帝薙髮告明初宗匠而
眞淨源坦達中與之相友其非聊爾人可知由此推之其
前其後此寺必多名流勝士不以負販一拂子爲重輕者
其姓名徒付之山高水清而已可不惜哉自先忠端公賜
葬化安山子每遇諸家文集干涉此山者卽抄之以爲故
事其所得於寺者僅如此寺廢雖久把茅而處者不絕具
德禮江月某冰懷某皆出而有聞於世子以吾母姚太夫
人之命割地數十畝展其員幅於是佛殿粗具昆山歸莊
爰書寺額山門法堂一切未備然可由是而踵事也夫先

州判捨田山於方盛之日吾母捨地於已廢之後何黃氏與茲寺有夙契也嗟乎世之言久遠者無如於佛而盛極之寺院數百年已不能必其如故然猶可諉之成壞之理獨怪自後唐至於有明歷年不爲不久名流勝士不爲不多不能以鐘鼓之力延其餘響反若因陳侍郎而有此寺因陳侍郎之寺而有此眞淨源坦達中區區之名氏不然姚江如此寺者何限又孰爲之推尋哉佛氏所謂久遠者果安在耶陳德應倘佯其先忠端公旁薄於後茲山當與天壤俱敝自此雲水遘止易以垂名幸矣

重興松巖禪寺碑記

黃百家　主一

鄞西南九十里大皎山舊有松巖寺創始於後晉天福七

年聖僧其初名小溪松巖院繼名甲乙院宋治平二年敕
賜慈恩禪寺明洪武初仍名松巖寺永樂間圯天順六年
爲郡人楊實重修而復圯今所存者僅頹屋三楹而已康
熙四年乙巳衆請雪菴印禪師重興之寺舊在溪南師相
吉壤於溪之北誅茅以居適暴雨溪漲有巨木逆流駢集
師得依以爲材衆咸神駭錢工勸相己酉遂建大殿凡堂
齋寮湢諸室以次落成昔時榛莽鼯鼠之所不數年頓成
巨刹己卯九月法嗣文悟志禪師特來竹浦請余記其碑
思此寺深藏萬山之中非若通都大邑爲衆所共矚也一
僧創自天福年披荆結廬非有王公大人之貴勢也彼秦
之阿房吳之姑蘇楚之章華魏之銅雀高齊之香姜陳之

臨春結綺煥赫當時者何限運去代遷倏焉蕩爲焦土化爲浮埃曾不異夫海市蜃樓之一瞬而松巖一禪室自五季以來興而圮圮而興如清濟之流縱遇潛洑究不可遏淤終然趵突顯出此可分觀佛法世法矣悟師曰去寺三十里爲宅山聖僧轉身爲亮大師築堰以利濟一縣之田至今有像設焉而先師之貌適肖其像又亮大師之轉身也噫此因果輪廻之說余不得而知姑就佛氏而談祖偈云有情來下種因地果還生無因亦無果無性亦無生法冒云由來道絕功勳安用修因證果據此則丈夫氣宇如王爭受囊藏被蓋乎雖然此但知有法身而未識夫報化身也夫自性具三身故百丈以報身佛爲酬因答果佛蓋

無因無果者法身之理也有因有果者報化身之事也罪
福皆空而至妙覺之地果上涅槃之大果也證十信心而
與因緣會遇因中涅槃之密因也人但知第一義空之說
而因果輪迴不辨縱能悟法身之理高則爲於般若習染
未純之分證次則爲但知空作爲之聲聞卑則爲撥無因
果之魔外矣然則悟師之云其或有之乎寺地若干畝田
若干畝前鄞邑王公准其自運錢穀不及差徭嗟乎悟師
托生之說果眞則松巖之澤及於鄞民者溥矣逆流運木
天且相之而況於人乎

兩遊剡湖記補　　黃忠端公

吾郡剡爲剩縣唐詩爲愛名山入剡中者此也吾邑之東

南有剡湖謝文正公云邑治之東南曰通得鄉迤邐而上大山之麓環拱周匝溪流汩汩有聲下通於江山水所滙渟而爲湖人以其景物之勝擬諸剡溪而名之蓋文正嘗讀書於此故得而記之也癸丑歲余與象衡元素沿溪而往至嶴口居民數百家南行里許折而西小橋流水拾級登山其阿爲化安寺荒址依然青草芊芊童子指點山門方丈禪堂故處而清磬疎鐘窈乎不可聞矣箕踞松下漱石徵詩劇飲而歸月印前溪狂歌溢發以爲剡湖之勝盡矣後余復至剡徘徊其間遙見樵人度嶺迹之忽闢一高下原隰兩山夾出有山家雞犬鳴嘷叢薄樵叟曰此石湫也余攝衣更進峰巒忽絕鬥出奇巖石壁嶙峋插空攫蚪

踞虎者未必在贊皇奇章所品之下壁下溪流湯湯澄泓徹底上有奇鬼趨而搏人急足避之審視方知亦石也又進數武幽壑盤松濤聲驟起山鳥鳴其顛似嘲似慠吞化安荒址者奚啻八九恨不得使象衡元素一見之也夫四明山二百八十峰東連勾章西帶始寧南接天台北包翠竭中峰最高上有四穴若開戶牖以通日月之光故號四明洞天所謂剡湖之山不過四明北面七十峰之一耳計此二百八十峰者峰峰各有其勝一峰尚待今日餘峰未知更待何日乎四明之在域中猶然十岳中之撮土耳司馬遷始江淮卒事梁宋蹤迹殆半天下余家四明尚且有待況於天下名山之廣乎以此知人之學問未有窮盡士

希賢賢希聖聖希天不可少有所見便噭然而自足也

四明山志卷八終

四明山志卷九

古吳後學周靖訂

遺獻黃宗羲輯

姪炳 男百家 仝校

撮殘

上虞李汾居四明山山下有張老莊養豕積年永和末中秋汾對月撫琴忽聞有嗟歎聲汾開門視之有女子端正絕倫但口帶緇色言是山中張家女竊來奉謁汾便留之下帷背燈琴瑟己盡雞鳴女欲辭去汾藏其青氊履子一隻女索還不得號泣而行及明汾見鮮血滿地發視履子己化爲豬蹄殼尋血下山至張老圈內其豬見汾瞋目咆

哮汾具述前事張老遂烹之汾亦棄此山院別遊他邑出

搜神記

德化張令秩滿歸京至華陰有黄衫者在店内令啜之以酒炙問其姓名曰某非人也乃冥司送關中死籍之吏令請觀死籍見己在籍内哀求於使者爲之計使者曰仙官劉綱謫居蓮花峰下足下能得其章奏庶可稍延歲月然仙官必不許足下當先至岳廟許願於金天王天王自能得之於仙官也令如言齋牲牢馳獻岳廟以千萬許之繼至蓮花峰下有茅堂見一道士隱几而坐令哀請懇切道士神色甚怒俄有使者賫金天王札至道士不得已上章再拜經時天符降許延五年令感激辭去已而吝費不酬

願行及偃師見黃衫吏來責前諾頃刻疾發遽書妻子捉筆未盈半幅而終

田璆鄧韶家於洛陽元和癸巳歲中秋晚出建春門望月遇二書生引至一處羣仙畢會上清神女玉京仙郎方行昏禮劉綱爲相有仙女捧玉箱託紅箋筆研請催妝詩劉綱詩曰玉爲質兮花爲顏蟬爲鬢兮雲爲鬟何勞傅粉兮施渥丹早出傳停兮縹緲間禮畢書生復引二人歸於原路還家已歲餘矣 稽神錄

陸孜居於明州大隱時太守貪虐搜括民間孜以所有財物寘於地窖後果被搜甚急孜不得隱掘地丈餘竟無所獲太守怒其妄譎之象山築居掘地大隱所藏宛然在焉

其後仍返大隱 于迪聞奇錄

仙人菜雷雨之後生白水山崖石間

元吳瑞曰石耳生天台四明諸山石崖上遠望如煙

石芥亦產四明山

宋蘇頌曰薯蕷以北都四明者爲佳一名玉延

樊夫人成道先於劉綱約以蔓青熟相度宋朱翌詩云天上佳招飛鸞鶩人間春色到蔓青

唐陳藏器曰筋子根生四明山苗高尺餘葉圓厚光潤根大如指冬不凋亦名根子爲破氣攻積之藥

又曰伏雞子根生四明天台山蔓延葉圓薄似錢根似烏形者良

四明山有卷柏藏之書篋沃水則生

四明山有五色杜鵑花

四明山有黃頷蛇

梅福四明山記曰南峰之北巖生石燕

孔皐記曰太平山四角生木各種或櫟或梓或櫧或榧不相揉雜

韓昌黎送惠師詩發迹入四明梯空上秋旻

舒元輿錄桃源畫記云四明山道士葉沉囊古畫畫有桃源圖

方正學巾山草堂記云踰浙江以東多大山東南極海上尤秀絕其最著者天台四明雁蕩天姥皆穹窿嵁峻爲天

下奇觀迹擬乎蓬閬名播乎區極

梁陶弘景撰葛玄碑曰山陰潘洪字文盛少秉道性志力剛明前往餘姚四明隩國爲立觀直上百里榛途險絕旣術識有用爲物情所懷天監七年郡邑豪舊遂相率輿出制不由己以此山在五縣衝要上虞蘭穹山舍而留止

支道林卒後戴安道嘗經其墓墓在餘姚下塢歎曰德音未遠而拱木已積蓋神理緜緜不與氣運俱盡耳

婺人婁千寶有异術羅郎中紹權赴任明州千寶曰羅使君此去便應求道四明山不遊塵世矣已而遷於海島蓋知其不還故以學道爲名也　雲溪友議

梁簡文帝招眞館碑曰潘洪隱始寧四明山有人耳長髮

短云從虞山招真治來言訖忽然不見洪爲天師十二代孫張裕之師

褒清靈治四明山葛洪衆仙記

晦菴先生問四明龍現事璘答云鄞縣趙公萬禱雨於天井山曾有龍見張左藏艮臣作記云俄有光發波間如叢炬復紅燄飛動下見龍之首甚大不違顏咫尺大復現小復見全體鱗甲爚爚有光久不沒陰氣颯然見者魄喪神動語類

張憲字思廉元末人嘗仕張士誠張亡遁入四明山變姓名爲佛家奴嘗攜一冊自隨臥則以之藉首一夕死於寺中發而讀之乃玉笥集也其詩始行於世

四明山中上黃村有戚畹牌坊此爲明萬曆神宗王皇后

立也遺獻公有書神宗皇后事附此吾始祖萬二府君諱
萬河字時通號鶴山其父慶元府通判金人陷慶元不屈
死府君避難由慈谿竹墩渡江而南子孫散居餘姚之通
德雙鴈泉水三鄉雙鴈之小聚落有上黃南黃因其姓以
名地皆府君之支庶也明初勾軍最苦吾黃氏皆改爲王
至成化間宗伯黃珣提學黃韶教諭黃伯川始復本姓先
是洪武十九年上黃王蘊充軍入京積功至錦衣衛百戶
蘊生教授賢賢生鎭撫杞杞生太學生正正生偉歷五世
未嘗復姓偉有女喜姐神宗選爲皇后萬曆六年二月英
國公張溶冊立大學士張居正奪情副之神宗問后近屬
時新建伯王正億方貴盛后欲侈其家世遂以正億對及

偉封永年伯餘姚兩伯皆歸王氏於是偉之近屬在上黃者復由黃而改爲王然南黃與上黃相距甚近南昭上穆同告利成而南黃守黃姓如故時某嘗聞太父太僕公言神宗皇后吾黃氏也住在烏弔上蓬去有司以戚畹表其閭其時以爲疏族不甚詳考今南黃之族來敘其始末且以家譜證之而戚畹之綽楔亦在上黃始知爲鶴山府君之子孫也大父誤記爲烏蓬耳古來后氏攀援門望忘其宗祊者如唐劉后之答黃鬚叟宋楊后之冒楊次山亦多有之不足爲怪而吾黃氏不欲以外戚爲榮父老若不見聞至國亡之後始追數而得其實可慨也夫百家

四明山志卷九終

招寶山志

本書選用中國國家圖書館藏本影印

陰平危棧也而鄧艾縋焉崐崙天塹也而狄青奪焉險不足恃自古而然則王公設險之義何居乎曰非也險可恃而恃以險則不可恃知其不可恃乃為可恃是故志輿地志特詳形勢官守

士者宜悉山川惟有用之學洞
於胸中庶從事取法懷山
古人箸書旨也鎮海招寶山天
險也南對金雞北倚巾子東控
虎蹲西衛縣城為寧郡之咽
喉作浙省之屏翰其山麓之

海隅居高制遠遙望蛟門一帆可
截而其上墩堞戍壘瓊宮梵宇
泉石竹木々屬無不憑虛引曠發
騷人々高詠動司土之深情嘗
登山顛襄回人々慨然想見俞忠
襄盧都督之功蓋自夷人犯境

而茲山舊跡半沒艸萊撫今思古知保障之有人由來重矣但是山久而無志道光乙巳歲余襄理浙東善後事宜而山之當復舊觀者亦在焉適鄞縣周生道遵新纂鎮海陳生景霈志稿欲付梓而

請序其首曰形勝次海防次古跡次祠宇次藝文次金石次雜識據閱之餘因知不獨登高能賦無愧大夫九能正如伏波聚米雾在目中似有合乎古作者之意其能無序乎夫書之傳不無關乎序白香

山詩已微之序而世譏其好名庚子山集中有謝滕王序集啓而其書不傳反傳於所序之集然則書之傳不還視其書無關於序明矣嗟乎問學不關經濟日没後之留心險要者尚其有取乎茲編

道光二十五年長至日 福山鹿澤長

書於明州公廨

攝寶山志 序 四

序

抱郭之山利於環守瀕海之山利于截守此古兵家言也鎮邑之脊抱寶山面城背海尤全浙之門戶係焉輒嘗登其地右眄闉闍萬屋鱗比蒼樾迴欝炊烟

薄霄明州咫尺浮圖在空慨然
有千里之思左顧溟渤扶桑可
指蛟虎掎阜聳于金湯帆檣飛
鳥出沒下上回之感謝疊山傳
南昌之蹟事復為之俯仰物怛
浩然為振衣濯足之歌雖然

國家之承平二百年矣澤育馴
湅而無窮邑如鏡如砥寰宇久
安來稟海夷不執侵擾東隅雖
堯舜之朝不召育苗而損度
然自經蹂躪而茲山之所謂崇
閎阜堞栖掩映于雲煇烟靄間

者殆已摧殘剝蝕之可傷矣今己納壽飲福懾讋自臣海若罔吳喝陶如答蹤乃經葺城墖設列堠營舊制所增綦嚴綦密嘗鄞縣周茂才介園董其事取其邑之耆舊陳巾山山志蹟稿編

從而成爲是書不可謂非美舉也則後人之覽是山者或援是書以爲徵信歟道光丙午仲春月又臺王丕顯撰

招寶山全圖

山圖
招寶山志
威遠城
虎蹲山
砲臺
魁星閣
塔院
小金雞山
大浹江口
砲臺
池

仙人洞
瞭賊嘴
砲臺
半山亭
巾子山
鉤金塘
第一山
東嶽宮
濠河

威遠城祠宇圖

望海楼
圓通殿
天燈臺
營房

招寶山志總目

金石

雜識

招寶山志卷上

蛟川陳景沛原稿
甬上周道遵修校

形勝

四明脉至澥口之南、分太白餘條、東北走爲竹嶼、青嶼、欒家嶼、入海爲蛟門、虎蹲、雄據上流足稱天險、其北本四明、西北之支度鄞而慈入鎭海縣界、爲達蓬伏龍、由是循沙而行、奠位澥口之北、爲招寶此山形之槩也、

招寶山　舊名候濤山以其當海口商舶所經百珍交集因以招寶名之或以爲因山下蚌珠者妄也寶慶志耆舊相傳山下有蚌生明珠往來波濤之間漁人或得之卽光怪逼人駭浪繼作舟不可行投之乃止又名鰲柱在浙江寧波府鎮海縣東北三里金雞山踞其右曹志縣東八里與招寶對峙以形得名舊傳山上有金雞者非巾子山峙其左寶慶志山形卓立如巾幘延祐志縣東北二里與候濤山對峙爲風濤障蔽秋濤洶漲藉兩山如門遂免水患虎蹲山屹立於前曹志縣東五里屹峙海中以形得名古稱天設之險是也唐令志稿山有十二景曰鰲柱插天曰山樓看旭曰龍洞出雲曰鐘鳴山寺曰千帆破浪曰蜃樓

現幻曰虎蹲濤吼曰夕照霞峯曰憑闌觀瀾曰梵臺秋月曰仙洞海天曰山城嵐翠
宋呂祖儉遊候濤山記予嘗浮江淮道閩浙赤壁之雄勝小孤之峭奇廬阜之幽深閩山之清美松江太湖之空渺雲門若耶之開曠未嘗不徘徊顧瞻以慨想前人之遺風然餘習未忘猶欲覩大海以快其心目壬寅之冬逐祿甬東距海六十里會友人潘端叔主定海簿因翻郡檄言邑中候濤之勝欲相約偕往而未果今年夏四月端叔因謝子暢自臨安至相與

會於太白鄮山之間已而入城復刻日以堅此約果不踰期而來遂相會於王季和家李叔潤方居敬繼至史丞相之幼子開叔及賓館楊希度亦偕行暑桃花渡出三港口十五里至黃氏墩三十里至馬嘴滙五十里至囘鄉六十里至定海自午至申閱三時而後抵岸有持黃白幟來相迎者俄而復去葢誤以爲總管云按圖志定海葢海壖之地本會稽郡鄮縣之靜海鎮梁開平錢氏據吳越開邑曰定海其地三方距海中微隆四面斜落如伏龜之形簷廡極寬潔主

人於東庭具諸客供帳筵設銜元英與其徒諸葛生亦自太城來坐甫定即登候濤山距縣無半里山勢雄峻屹然獨立所以捍海勢而立郡邑者也候濤蓋此山之本名特里俗所道不一名招寶山者昔舊相傳以山下有蚌珠得名或曰非也外國大舶之所歷故謂之招寶側有巾子山踞峙海濱亦少土多石不生草木徐步而進海氣漸闊祇覺天宇豁然上有一小亭可以爲寓目之地最高處有泥甃三益海中以此爲候望也端叔置酒亭上邑丞趙侯亦來少焉暝

色半山波光浸暗雲氣飄浮極目無際須臾列星下布月出天末諸客散坐山上酌酒長歎心開神適若實身於蓬萊方丈閒凌晨復與二三友同登適當風怒潮來之時銀濤澎湃天地改色如蹙雪如奔雷如馳萬馬飛舞突怒搜抉摶嚙奇變壯偉愈高愈劇衆皆休於亭上獨予與季和不敢愛其足力行二里許至山盡處去海無十步天淵相接滉蕩淫泆不復知其爲人間世矣二日之遊大概如此獨恨未能方舟縱浪於溟渤之中與波升降而觀其沄奫四溥也是

山前埠小霍大霍二山西出澥浦東北望嘉門烈港問之習於海道者云自虎蹲山七里整至嘉門抵石弄涉洋山絕海螺礁又東北過黑水陟黑山入高麗封域日本又在高麗之東二國大船遇南風則可發風甚順不七八日可至城下互市之北直趨登萊沂密諸州想像其處使人惘然須臾風色益厲海氣上溢不能久留也遂刻來者姓氏於石壁而去

明郡守沈愷登招寶山記余吏明州三年至三登招寶山招寶臨大海四望浩渺與天無際海中諸島隱

隱如浮鷗拍浪飛聳欲墮日本琉球諸番異域遐眺歷歷可指數誠天地一奇觀也與極偕二三同志登最高峯頂坐石觴酒酣耳熱仰天歎曰其有憑虛欲仙乘風雲而下來者乎仍瀉酒石上歌紫芝欲起黄公與之遊而不可得興盡而返嗟愷牧茲土民安其拙且承平日久民不知兵戎伍蚤起日持名籍至衛門報喏歸則偃臥無他事傍海居民亦往往牧雞豚放葉舟取魚蝦入山採松檜爲薪或挾弓矢射狐兎爲樂山中六七十翁煦煦如小兒狀竟不知邊境爲

何如事乃今有不盡然者邊徼報漳民逼番舶取息幣時肆剽掠憂時者至募民爲兵乃帥其人晝夜邏警日出鼓鉦日入燎燀至振鐸巡鼞植棘樹墉坎山谷以守人情洶洶海邦繹騷若朝不謀夕時天久不雨俄而雲密欲雨風颯颯四起往余見海上人道招寶山頂望日出海雲生樹石叢屋聽雨迴異人世客有好事者勸之一登曰盍往觀乎余曰山海宛然昨也余非前日之意况矣夫國家恩養軍士若驕子然若緩急則不得其死力其捍患禦難往往出於市井

網罟之民果何爲耶余爲欷嘘久之乃望洋而歌曰
海水洋洋兮天爲茫茫我心憂傷兮曷爲其亡
明楊守陳遊招寶山記招寶山在定海城東一里所
雄峻特立景泰甲戌秋壬午日方升肩輿出城內沙
碧草彌路抵麓下輿攝衣躡石磴迤北數步轉而東
始履沙土襟帶草樹道南崖北谿隘且峻又數十步
得平岡茂林少憩清蔭中空翠拂人襟袖禽鳥嚶鳴
風颸颯爽雜若吹簧組瑟引金石而考之乍鳴乍止
令人樂而忘疲坐稍久余欲起觀海諸公難之獨劉

侯偕余西南行數百步極峻險從者或援或推乃躋於巔立斥堠上四面空闊心目開明顧城邑廬舍歷歷可數江山林野層見疊出而大海茫無津涯與天爲一忽颶風起驚濤拍天作萬雷聲爲之目眩心悸立幾仆少選風止日開廼見遠近諸島大小高卑稀稠或連或斷有若虎蹲猊立蛇行龍鳳飛舞者若堡壘屏幃蔘笋者鬱若翠粲若繡赤若鬅燔若標者殊狀異態不可殫述蜃氣龍光隱見明滅沙禽水獸浪舶風帆出没於雲濤杳靄閒可喜可愕朝鮮日本諸

域皆在指顧中眞天下卓偉奇絶之觀也巳而東北行下山向麓有洞呀然乃隨導者魚貫以入洞廣崇殆十尺瀸染漑其中莓蘚翠濕若染濤聲鳴嶼間從者循崖取海錯水蔌啖余芳鮮溢口出洞有老兵逆曰諸大人聚庵中伺同宴也還至前坐所北數十武入庵庵隘而幽勝前臨澗澗碧澄水草被白沙文石若組繡可愛其後青壁千仞不可上有泉出其中聲鏘鳴下石潭潭廣深僅踰咫泉味冽且甘庵楣榜曰觀瀾即席觴行比耦投壺酹飲無算觴憶異時鳥夷

鳴張將卒皆奔走不暇今 聖明在位海不揚波窮邊
無狗吠警武臣優游皆能尚文崇儒而吾儕得與之
遨嬉於此何其幸也

國朝謝泰宗遊招寶山記定候濤山雖孤懸海岸其
脉穿江而過也不孤矣一名招寶者何聞之山有沙
者生金有穀者生玉金玉俱無何以寶名也或以人
寢處其中偃然爲巨室者衆乎禺疆東來須洞何底
得是山砥之兩浙之門戶始堅由是言之寶無價矣
出縣東門里許舊有威遠營軍營北盡處卽山麓也

登之望東行緣石級上見級不見山級所受趾處不盈咫置一足焉其一足即急置之無失也遲焉即仆矣歷二百級穿豎第一山三字碑傳爲米南宮筆再三百級則浩然亭可少憩望城中如幅巾縛制可數雖未覩海若全體而觀瀾於西北泱泱大風哉由此而上猶是級而累石錯之非山所琢而鱗次櫛比有高曰呂鼻曰扈衆曰歸者總垓而非岵矣登者膝與齒相嚙衣不得摳即摳衣以兩手鼓之始上躡步者步必齊而後舉即左右遞置焉弗能也信步間忽有

樹之木者仰視樟楔者有六國來王處平倭第一關之語錄其實矣坊之右偏而稍痺有疊石成臺者今所築西炮臺也自山崖行折東向稍折而南有演操臺似岨而平下臨演武場晝夜觀多士之所以蒐軍實者此其宜也自此離威遠城只百步背城而立望大江若接帶曲折郡城天封塔矗峙五雲縹緲中若出囊之錐矣既入城過天王殿兩廂即營房也春秋耀吾軍士分以備干陬非常者進之爲大雄殿殿立山之嶠前娑婆樹二株紫竹林一叢或云大士變現

處亦安知非即吾身指點處城高二丈餘殿頂高出城又五丈餘鞏甍所懸鈴無風自搖若與潮聲互響答也殿後又二層雖樓居殊不足展耳目壁上墨寫牡丹稱海懷僧手筆差須雅觀耳東廡有樓名水月面東向憑檻俯觀江與海所扼要外此東北流無窮溟渤也內此西南流三百里抵餘姚江也水勢洄復轉折如竇從樓上觀之惟恐餘皇鼓棹亂流至於是矣相對望者竹山右低而伏者金雞虎蹲則屹立波濤中者是矣自虎蹲東折百里爲蛟門是八十一鱗

者所潛伏也於巨壑中攢峯矗峙環簇一水水腥特甚亦奇迹也又東而北則金塘諸山環列若屏障有如笑如滴如妝如睡者陰陽朝暮各一色備四時之氣矣憶昔春末夏初漁艘數十萬蔽江而下烟浮牆堵鼓錞聲無晝夜息樂利之世哉即春秋耀吾軍士亦惟戈船列校乘長風破萬里浪於此覘高丈之擊豈若今澄江如練哉樓之下爲水所滙處又築臺焉以備寇之東來者使束於喉而不得進誌稱朝鮮日本諸域皆在指顧中余尚未之得覩誠聾氏所稱海

山微茫而隱見者乎卽翁洲猶在金塘背也惟子夜觀曦御初出處如金盆浴水不可隱儀揆度而通光耀者昔登寧波羅廟水際有浴日亭其於觀旭髣髴似之而此阨其要稱重關之險云復自第二樓穿堂而過巷層累下之哉乃有危觀臺而多物將往層樓屹樹高壇上也今樓雖圮而攬景猶昔乎備諸遊觀未嘗觀者乎昔人謂觀萬頃之茫然而衆慮息焉者此也若英出銳而出霍山角而巘龍山冠而峭又若三神蓬壺可望不可卽矣穿城出北門門之左築石

爲亭縣宰捧勅歲祀蛟門龍神於此今禱弗應未知
龍神故邑宰故也東去亭七十步有廿井是不煩鹿
鹿之纖而餅置腹者獨尋安期生所爲醉墨桃花石
不可得得其石如桃葉者亦不可覩我非安期之徒
與蓬山體與寺皆西向而末則稍折而北分兩大股
其自東行者高高下下循磐石之罅罅凡左右轉無
定趨其置一足足常懸半不能輒至其地兩手據腰
送之耳如是者幾三百步纔得石級級斗峻皆山之
受霤處也級受足處常不容足足遨遨走頁趾趣爪

首出稍注視即頭重不能進蓋忘其尋雲之身惟無影之谿是顧有卿猶懈之也如是者又四百步抵潮音洞洞無門浸於石上皆坪也脫而下流踴踏奚岔战惟旱乾則以身仰臥而入洞中一僧誦經問向有撒米成碁今何若也僧曰即吾身亦一碁未知誰為換劫至是耳北出洞口亂硌齟列海潮澎濤鼉邊淼架飆旋漪介山穴巷屵顛而鼇國矣此聖燈所自出乎琴高氏借此移情也惜不知者砌巖以右其自北行者遠望而候人之堡在焉五邑於此聽平安火堡

之左白石鑿鑿爲北炮臺所稱新築三臺者此耳兩股山崖大抵漁者集焉其阻於禁乎由北炮臺復而南行二里則夕照庵在焉而山之體勢復迴環於此其於情景四時固無弗宜尤以夕爲佳掩蔭松風不知其出於樹乎出於海乎自此逶迤循狹徑歸可不藉問途已經矣山有別徑自演武廳後緣仄崖上右傍蝯眩之岸左視千仞之谿君子弗由也

謝泰宗遊招寶山賦車書路蓋巨壑東流瀾迴大海爰砥斯邱鎮半壁之鰲柱號兩浙之咽喉山巑岏而

路闢磴堆埼而遞抽聯同人以嚶和望若木而景悠
探巖排碕則振衣而千仞特立追連篤眺則呼吸而
閶闔可投面陽而演武場闢負陰而渤澥波秋金鷄
舞翅以登岸虎蹲後峙以橫舟東西霍與洪原而上
下蓬萊島眞沈斥之鷺鷗蛟門隱阨其前踞螺頭遙
峙於上游旭初升而咸池以浴月始嵴而風簾上勾
海鰌司潮汐之出入蛟蜃吐雨霽之城樓竹山對峙
而兒孫作拱金塘環列而屏障四周耀武於前者振
十萬之橫磨觀魚於海者躍萬頃之狂波樓艢檣列

截洊外以止戈民譽赦海鼓喧闐而應和盟英於焉謹視番舶侍以經過歸市之商輻輳樂利之衆孔多山林至今不朽罟網竟爾禁苛若夕照庵之晚霞增彩潮音洞之雲封翳靉魚鳥增其晶漣仁智之樂常在三山不遠扶桑乘桴常如有待欲窮目而登樓難爲水而觀海撒米碁子杳然醉墨桃花蹟改爾其鴿堂深閟鷲嶽爲寺洛伽禪板同春彼岸元修不二寶筏引其迷津相輪呈其空翠三十六圓通不礙千百億化身一致震旦教闡觀音三佛現光斯地宜乎皈

依普遍九有而護國永受明賜

宋陳造登招寶山詩、一鷺風烟上。三韓指點中。地隨山共盡。天與水無窮。蜃蟻分軒冕。騎魚可闐蓬。仙曹應撫掌。顧我簿書叢。○陳允平詩、宇宙初開闢。何神立此山。中流天柱石。大地海門關。浪惡蛟龍怒。雲深虎豹閑。潮期與日月。千古一循環。○樓枎沁園春詞

開闢以來便有此山獨當怒濤正秋空萬里寒催雁信塵寰一簇蝸算鴻毛小可詩情尋常酒量到此應須分外豪難爲水算平生未有此番登高　飄飄身

踏金鼇笑終日風波無限勞看檣烏縹緲帆歸遠浦
壓魚雜沓網帶餘潮待約詩人相將月夜取次擕盃
持蟹螯乘桴意問誰人領解空立亭皐

元吳萊次定海候濤山詩悲歌忽無奈天海何渺茫
放舟桃花渡回首不可量南條山斷脈北界水畫疆
居然清泠淵枕彼黃茅岡朝滲日星黑夜凌金碧光
蹲虎巖倚伏鬭雞石乖張磨礱越湛盧溢汨吳餘皇
幽波視若鏡巨壑深扶桑招徠或外域貿易叢茲鄉
嗢咿燕國語顚倒龍衣裳方物拙所寶水犀讋非常

驅鰌作旗幟。駕鼇爲橋梁。似予萬里眼。徙倚千尺檣。稍疑性命輕。終覺意氣彊。寄言漆園叟。此予眞望洋。便擬學仙子。被髮窮大荒。

明劉應箕登招寶山詩、天際劃華夷、地險恃濵澥。海若滙遠波。蕩漾茲山崒。百尺亘崔嵬。一峯聳突兀。砥柱奠南土。迆邐渺吳越。憶昔祖宗時。貢賦通蛟窟。海外重譯者。萬里來迢忽。方今聖人恩。雨露允不竭。東夷時未殄。干戈勞征伐。萬國拱垂裳。南人請立碣。皇猷播寰宇。帝澤覃窮髮。茲山長不移。日月自出沒。○

吳光遠詩勞勞行役定○只此蘗青山○波浪擎鰲立○樓
船帶鳥還○錫飛浮島外○金掃水雲間○江戍常聞笛○關
山夜夜開○
萬山羣赴海○一塹獨當門○壁立秦關壯○
峯攢漢壘尊○危樓棲堞影○孤磬度雲根○吸盡滄瀛浪○
聽歌日欲昏○○沈一貫招寶山歌贈吳伯恒招寶山○
遠控諸夷牢置關○旌旗閃爍摇雲間○往年山頭擂大
鼓○怒噴羣龍開水府○百丈妖鰭截作泥○千羣怪尾糜
爲脯○近來戢艫纜江痕○隨潮上下横蛟門○巳奪陽侯
白波險○漁師四出洪濤渾○四月楊花飛滿浦○前船鳴

鉦後鳴鼓唱歌歸來如沸湯○江頭滿甕春風香○問漁何所得○鱸鯨已盡無絕粱○小魚魴鯉大鯊鱠○問歌何所求○二十年來無闕氣○白鷗飛向青冥羣○君不見山頭飲酒吳使君○

○應儼詩閭尾蒼茫四際同○巍峩巖石筍城東○雲連波白蒸鰲柱○月帶潮青結蜃宮○夾樹烟籠花氣舞○半鑪香映日光融○蒼藤滿砌依嵐翠○應許乘槎貫斗中○

○張瓚詩峩峩雄勢倚孤城○此日登臨感慨生○海水有憑朝夕信○江湖無定古今情○時看蜃氣凌晨隱○不見珠光向夜明○幸喜鯨波方偃息○扶

桑一望極東瀛。〇俞大猷詩縹緲蓬萊咫尺間。星槎此日倒躋攀。乾坤萬里扶蒼壁。形勢千年等玉關。島嶼鳥言遙獻譯。樓臺蜃市幻成欄。君恩自是洪如海。仰慰昇平始解顏。〇盧鏜詩開向亭前坐閱潮。天風吹我興偏饒。滄溟六月寒無暑。碧落三山近更遙。萬里乾坤歸漢域。中流日月泛吳舠。主恩浩蕩身如寄。愧乏奇勳答聖朝。

招寶蒼茫控咽喉。巍峨雉堞護重樓。洪濤閃爍金光動。大海澄清瘴霧收。百萬貔貅屯遠壘。三千戈艦列安流。從今夷寇寒心膽。永固皇圖億萬秋○劉穆詩層岡仄徑似升梯極目東溟望欲迷○海闊翻嫌中土隘○山高疑與九霄齊○萬年日月雙丸彈○百里江湖一沼溪○聖世諸夷咸效順○風清邊徼息征鼙○楊尚英詩海天盡處赤烏平○勝槩全收威遠城○臺殿秪疑騰碧蜃○樓船還許斷長鯨○東洋島嶼浮仙闕○北極雲霞擁帝京○銅柱千年餘慷慨○分入逸慕伏波名○張佳尹詩孤峯青插海門傍○一水黏天接混茫○搔首鰲簪羣島出○繞盃羊角大鵬翔○填來難盡西方石○望裏同歸百谷王○便賦元虛終小技○還

醒雙眼待滄溟○　蕭稟詩　水天合沓半微茫○醒酒憑
高引興長○小試五兵須定遠○早聞重譯盡來王○蓬瀛
東望開珠闕○島嶼南浮帶越裳○我欲凌風揮八極○一
樣先挂斗牛傍○　方大鎮詩　洗兵欲挽海門潮○兵氣
濤聲振沆瀣○擊劍蛟龍移窟宅○彎弓鵰鶚下雲霄○玉
關譯貢御堪戒○鐵馬馳驅柱可標○慷慨大風思瀚海○
秖令誰是霍驃姚○　立馬山城接淼茫○淸風倚劍指
扶桑○雲回蛇鳥旌旗合○日照熊羆甲冑光○推轂轅門
高砥柱○觀封浙海壯金湯○聖朝威德天無極○重譯應

須獻越裳○薛三才詩大海東廻萬壑趨誰將卷石獨當衢金雞曉度烟波渺靈鷲晴騫島嶼孤雲起蒼茫遥帶寧潮連濱漲欲吞吳興酣不盡憑高意手捫青天醉大呼○薛三省詩海門蕭颯動秋容不厭憑高寄遠悰斜月入江雙白練寒山出漢幾青峯狂歌小謝驚人句醉憶長沙惜日蹤邊徼頻年飛赤羽可能清歗熄吳烽○屠隆詩扶桑日出曉蒼茫淼淼行空一葦航誰劈龍濤開寶界直扶鰲柱架金梁僧歸水府袈裟濕女散天花佛座香悟得無邊先及岸應

知東土是西極。○丁棨詩　半山亭下逢山雨望海亭赫中望海潮。水鳥穿雲飛絕域。浪花作雪噴層霄。參差麗結千家市。縹緲虹垂百尺橋。東望蛟門天設險。萬年重譯仰皇猷。○樂茂桐詩　憑虛如到紫霄傍。俯瞰蛟關但淼茫。浩蕩乾坤元氣合。參差鸞鶴陣雲翔。十洲何處求仙侶。九譯終來貢聖王。莫訝朱霞遙縹緲。方升日色在扶桑。○溫體仁詩、山河一統鞏皇圖。拜賜東南鎮海隅。貫勇旌旄雄虎豹。先登精銳競螯弧。期標南國千年柱。如渡西川五月瀘。所喜務農休士

馬。恐因忘戰啓憂虞。紫電青霜武庫多。轉輸誰是
漢蕭何。將軍不喜髀生肉。甲士翻嫌海息波。懸哨如
籠鱗水鴿。金扳似趁蔡州鵝。陣頭極目吳門練。似有
驊騮傍水過。障日樓船破浪過。平臨島嶼森横戈。
漣漪碧擁青油幕。牙戟光寒白露蓑。已信舟中無敵
國。昔令海上有風波。金鑪鼓角聲聞遠。似奏功成振
凱歌。○莊問生詩、鰲柱孤懸鎖海門。巖城雄鎮勢尤
尊。潮通六國來王地。壁壘三軍細柳屯。石面青苔多
歲。月。波開紅艷趁朝暾。揭來更上層樓望。萬里洪濤

嚮虎踞○何愈詩縹緲一叢瀾千山夕照殘雲霞收

淅嶠城郭倚星端浮月金尊白楯空寶劍寒振衣聊

爾共萬里有餘觀　登高臨巨壑一望與天平遠雁

差池没羣凫颯沓驚蛟珠欺月白霞錦待秋明身世

還遙檻悠然感慨生○孫宏軾詩清曉按行營淩虛

借[illegible]檣旋旆翻曙影金鼓雜潮聲投筆班何壯標銅

馬首成對洞天浩渺東第一　毛昧○虞光祚詩要據

羣山列海門登臨惟此始爲尊天開鰲柱雄千障日

照龍宮控百番梵磬聲殘秋月冷悲笳音咽暮烟昏

浹江極目蕭條處多少哀鴻不忍論

國朝巡撫楊廷璋看海塘遂登招寶山詩國計民生好自謀一輿東去問西疇山城半落雲烟外江海平分左右流堞駕巾山憑帶礪塘高柱石鞏瀛洲登臨未許眈遊勝爲望蛟門蜃市樓○督軍倪鴻範和韻治國經邦有善謀長隄增建利田疇仁聲好似春風動惠澤歡同碧海流漫道武林歌樂土爰觀蛟窟上神洲安瀾可卜調羹手千載豐功紀石樓○廉使李治進和韻詢度周爰協衆謀從星卿月儼陳疇三山

勝槩當潮湧兩浙清波接海流舸艦泊商迷島嶼稻
粱歸雁滿沙洲遙知駐節高吟處彩徹飛霞結蜃樓
○糧道中蒙璽和韻經年敷對仰心謀風雨無端妙
緑疇入座遄征蘸萬姓七言高唱砥中流曈曈鰲柱
峯頭日渺渺蛟門海上洲絶似衛公圖壁意未能飛
舄侍登樓○郡守史尚廉和韻經綸展布著嘉謀爲
念蒼生問緑疇場圃築時勞省歛海波靜處計安流
毎慚守土虛三載幸遇乘槎下十洲多少先憂後樂
意吟成霞影爍珠樓○郡守瑪明阿和韻庶食金隄

兩賴謀使旌拂遍越東疇渡江志在敷洪澤到海功
成衛壯流眺入一痕蛟海窟坐當千載虎蹲洲而今
是郡爲予守快讀瑶篇上翠樓○蕺山山長孫人龍
和韻關西夫子著嘉謀開府南天仰惠疇兩浙河山
懸化日三秋風雨奠洪流鸞書檄下芝蘭渚龍節麾
臨杜若洲更揭樹人標大義特登講社最高樓　生
事何須詡善謀家傳舊德郎先疇鱣堂昔慕無雙品
烏府今瞻第一流行儉紀功連碎葉元暉題句滿芳
洲予衿勉矣遵明訓萬里雲開百尺樓○分巡范淸

洪和韻勤勞原不爲身謀億兆羣黎矚晚疇巡歷經
旬緣問歲節臨雨郡計安流江山自昔誇名勝祗席
從今徧海洲陪從未能徒悵望烟波東向是仙樓○
邑令馬文炳和韻鞏固金湯奕世謀憑西遠望盡青
疇新詩若得風雲助大化眞同天地流潮向一山還
有對波恬萬里漸成洲篠驂藤杖歡無際瑞氣羣看
接鳳樓○巡撫阮元登招寶山造就戰艦安置砲位
因題怒濤如雪湧蛟門百道樓船下虎蹲旗鼓一新
人氣壯風雲四合砲光屯旬章郡縣來相望橫海將

軍許細論果使水犀騰浪去不教海外有孫恩案已上十詩俱鐫石嵌望海樓左右兩壁自遭夷擾多被擊碎○謝泰宗登招寶山詩聖燈一點切星台紺殿黃雲寶色開佛誦梵隨潮氣急鐘聲谷應隔江來雲歸野洞浮仙嶠月上諸天拭鏡臺鰲柱不應鞭石至秦皇那得想蓬萊　海岸孤懸得月臺千峯共入白雲堆雨花禪悟高僧講蜃市空占海若猗倚檻雪飛千里浪澌山桃綻萬年開闢門六國來王地不藉玻瓈寶厨杯　候濤山絕頂要扼來王指顧扶桑海濤天風鴻濛雲斷　醉墨桃花安

期風沓欲逼帝座還須謝眺　喬文衣明府招集候濤山秋禊蘭亭美蹟舊風流製錦工餘彥會求時過永和三日候又逢搖落大江秋　安得周鉊劍水心麈來三尺拂秋陰寒江落日東流急會守龍蛇不夜吟　創看蘭芷遍芳汀不勝山陰秋色馨何必踏青遊上巳羽觴隨處倒銀餅　能賦登高萬頃茫青雲染翰發秋香怪來大海廻瀾紫星聚賢人牛斗光七月天風海上槎雲乘萬里夕陽斜直濡碧落清秋露洗盡胭脂筆底華　臨流興轉到山椒意與寒江

雪浪搖何事祓除除不已年年酒債未嘗銷　候濤山雪筆偏値登臨巧花飛舞滿山婆娑來帝闕寂寞到人間良晤迷昏曉歸途失往還用公終日笑不借酒開顏

我厭紅塵苦來聽黃竹歌樂郊欣祝瑞沸海靜無波地陌天爲恭年豐凍若河山陰能撥棹訪我在巖阿

○謝緒敬同鄭義門漢倬子臨登候濤山

吾鄉有奇境地僻人罕至獨賞心神融飽玩烟霞麗思假詞賦工畧一伸浩氣懷之數十年不敢下一字常恐筆力弱翻減山川勢興來卽登眺熟游遡新致

相過豈但百姿態互變興無伴亦自往恨遭祝融祟
茲逢佳客來把盞荒殘寺俯聽哮吼聲指點空濛際
雲駛若天垂潮衝激石巉晝夜同杳冥晴雨等霧晦
縱目海宇寬東戍方寸細何必歎望洋試將此心配
○陳夢蓮候濤山遠眺候濤俯瞰蛟城東聳蘆鰲柱
胡峰從放眼巨浸直接天極日銀濤布溟濛堪笑秦
王採仙藥縹緲三山度蓬萊安期留爲潑墨醉徐市
一去杳然空我登觀瀾望暘谷火輪金柱捧盃紅酒
星浴日撼千嶂置身疑在水晶宮宮外萬山等鷗泛

蛟門撐插齊穹崇層層噴雪捲白霧吼聲震壓同靈
鼉何時得遂蛟宮養噴覩蜃樓幻不窮縱多精衛亦
難塡安得鞭石似轉蓬還思水擊三千里直欲破浪
乘長風到此塵凡都洗盡憑空覓赴瑤池叢瑤拖仙
子留飲觴笑秦亭上鄮牟籠登舟直上梵音洞丹竈
仙藥訪葛翁子眞遺跡梅岑在說法臺中如來從海
上仙人望未得鴻飛冥冥企黃公焉得三山咫尺間
飄然追隨與之同還思閬苑圖學仙廣成問道履崆
峒憶昔乘槎泛天漢天漢騰霄更飛翀直欲上觀星

宿海更欲片帆度崖洪山經海志都閱盡勝槩大地
一粟通縱有王維畫神筆天空海闊難精工庾幾坡
仙海外文寫來滄溟大豪雄○陳焯登招寶山詩昔
聞招寶名今上招寶觀招寶山瀕海隅峙崱屴巀嶪
浮鼉黿風濤澒洞不可極兩島屹向爲蛟門龍山伏
不起虎山雄而蹲亭閣憑凌入指點但覺沐日浴月
洪波翻乍川昌國隱南北帆檣利涉吐且吞到此胸
襟大開招臨風釃酒清而溫呼吸氣可通帝座皇威
遠播常安瀾願乘長風破巨浪扶桑晞髮餐瓊玕○

朱洞詩飄渺滄波外寒山一髮青壯心通浩瀚詩思
動微冥雨過浪花急風來潮氣腥何時消堠火鉦鼓
靜揚舲　山間天塹迴險設鎮重關帶礪當諸郡冠
裳拜百蠻鯨鯢偏自侮潮汐幾曾閑邈矣田横島高
風不可攀○沈延嗣詩大海東來猛孤城勢欲吞山
雄排浪山石屹倒流奔天設王公險師連地水屯當
年番貢入千艦尾江門○鄧似雍詩莫小候濤山東
來第一關風號連地震潮湧嚙城還海闊奔難入江
流到此灣蛟門天設險領袖衆峯環○謝泰履詩潼

關劍閣數雄圖此地看來勝也無截海爲梁憑虎踞插天成戶有蛟扶山頭開五排堠斥島外聯千擁軸轤慶我東南門戶闊笑看六國等羣雛　山寒木落致淸癯一抹雲林得意圖雉堞崢嶸金氣肅蛟門空闊鐵雲孤島開霸氣銷還未海上仙家聚也無長揖海天酹盃酒千山時與作嵩呼　縱目著烟嘆望洋羣峯蜿蜒若龍昂石拚血盡鞭無力潮倚頭剛弩失強雀艦疑從空際出蜃樓欲向碧天翔更奇山水名辭俗竹葉桃花姓也香○盧鎬九月十五夜候濤山

飲月客滿船酒滿鐏晚潮逆向風頭奔客投山寺愁
山黑海月先客懸海門憑欄指點正奇絶頃刻忽被
秋雲吞振衣一喝雲倒走凌空孤鏡無纖痕海氣旣
澄霽天亦浮蔚藍五人一席踞斗南海若鮫室驚雄
談吁嗟乎三秋好月只今夜直到明歲誰能堪勝地
勝侶若此不一醉快事只恐難再三簫聲急歌喉酣
桂影長夜垂毵毵醉眼瞪瞢復何有惟見遠山閃閃
眠金蠶　次曉觀旭風露無聲怒濤息僧房月牀夢
不黑天雞喚客躡飛樓曉色溶溶漾月色點點漁燈

漸漸收昨宵豪興今淡極我告諸君有奇事月光寒射扶桑艷皎皎白玉宇朱霞吐新鮮素娥故按轡絳節趨而前霎時萬壑頓一晴水氣火氣相熬煎赤濁黃黑烟燄極舂然一聲海面金盆懸飛潛草木一一含珠彩靈光直透毛竅八萬有四千火龍戢威風伯倚扇萬里肅肅生晴烟六合新出紅鑪圓道人前坐起呵久雙手揩目神炯然一日一月東西天〇趙九杠招寶山觀日出歌陽烏躍躍扶桑東雲霄萬古毛羽豐明州濱海近日本光天照臨咫尺中笑余跼蹐

域城市未見日出心濛濛天封墻在柱已毀危梯可
上不敢從樓名海曙亦傾圮登臨久斷遊人蹤一帆
忽駕長風去直指蛟門候濤處候濤山對虎蹲嚴于
今招寶名尤著上有望海樓絕高我來襆被待天曙
中宵攬衣憑危欄天光未通月色殘俯視下界但昏
黑混茫元氣浮漫漫須臾白雲蒸滿海中央一綫流
霞丹倏又滅沒黯無色久之變幻開奇觀或狀紺寶
或金碧種種異相先作圖畫看徐乃一噴一鮮血濡
縷陡然飛出赤玉盤是時天雞聽初唱萬里潮聲遠

犇放曉光照見三神山瑶草琪花春益盎洛迦金粟浮浪花慈雲現出蓬臺樣下窺貝闕與龍宮徹夜通明洩寶藏馬銜鮫人避不得百怪各各獻情狀神遊象外行如空却忘身在層巒上眼界從此闢光明胸次還教益超曠乃知習見拘墟昧遠大扣盤測蠡竟無當今朝壯觀得未曾再拜山靈錫嘉貺登高既慰作賦情復幸安瀾逢太平此山招寶百靈護海關作鎮同金城航琛萬國重譯至風恬浪靜無鯢鯨仰惟聖人開壽域如升普照眞離明瞻雲就日豈無自會

當乘槎至蓬瀛君不見高岡萬丈梧桐生鳳凰鳴兮凡鳥驚○周世緒候濤山觀日出滿江紅詞太古空山鎖滄海獨成門戶拓眼界扶桑萬里軒軒霞舉蒼狗雲奔蹲虎駭紫蛇涙沸潛蛟煮笑羲輪御不起銅鉦頻吞吐　晝多少胭脂嶼賽多少珊瑚樹想一聲天下雄雞掀舞碎射冰山巒嶂地洞開金闕神仙府驀回頭曉夢幾千家孤城貯

候濤山十二景 鰲柱插天

何年鰲柱扑天流○日本朝鮮一望收○自是東南好門戶○一枝撐破碧天秋○

山樓觀旭

海天霽色擁山樓○人在

山樓最上頭看到雲霞浮動處碎金萬頃一時收

龍洞出雲

洞口飛雲碧幾重石痕添濕樹添濃人家多住潮聲裏恰被蒼茫一半封

鐘鳴山寺

多少僧雛欲課禪山樓鐘吼白雲巔長空夜半風聲健蠻客遶花聽滿船

千帆破浪

風撼蒼濤疊幾層佔帆隱約渡沙汀蛟門北望烟如雨畫斷前山幅幅奇

蜃樓現幻

壯麗樓臺迴出塵凫鄉鷗國合為鄰倘教海燕穿波去錯認堂前舊主人

虎蹲濤吼

碧濤澎湃擁千重瀉落孤巖萬丈深料得黃昏風雨後長空遥答老龍吟

夕照霞峯

海外烟

嵐日色微流霞紅處又依稀長天倒影波如鏡白鷺一雙穿破飛

憑閣觀瀾

拍遍闌干眼界寬金戈鐵馬駕雲烟無邊海國都如畫一幅誰分水與天

梵臺秋月

滿頭月影淨于冰冷浸禪宮第幾層寄語老僧趺坐處不須重覓古龕燈

仙洞海天

雲峯壁立峭無邊古洞遙窺一綫天不是塵寰是仙窟觀瀾庵裏臥參禪

山城嵐翠

山城百雉雨初收雨後嵐光翠欲浮滌得僧厨烟一縷半遮古堞半遮樓

仙人洞　一名潮音洞在山盡處洞中窈寞通下如石屋

內石門通大海門外兩壁夾峙左勒大國來王遠右
勒平倭第一關明嘉靖己未都督盧鏜海道譚綸遷
補陀寺於山改名觀音洞　國初時一老僧庋閣誦
經
案洞壁所勒十大字自隆慶以下諸名人記詠
皆以爲王荆公書縣志亦云嘉慶丙子夏陳景
沛與同人棹舟至石壁攀崖磨洗左五字末小
字署北山書右五字末小字署北山盧鏜書欵
識分明且倭冦起於明嘉靖年間宋時並無倭

患則前人以爲荊公書俱誤

明陳王賓詩層巒廻曲徑石竅瞰長虹大士棲霞所神仙煉石宮水梳瑶草滑風掃白雲空悟入三摩地瀟然興味同

國朝謝泰宗爲潮音洞僧題詩坳堂一曲覆春陰大壑移舟波底沈不是怒濤能作響老僧十弄自操琴入境桃源此地分洞中日月總無雲饒他雷鼓山飛雪靜裏蒲團聞不聞　豈是蛟龍大小湫常依優鉢現紅浮夜深風雨經聲壯出沒波濤自點頭　誰

知梵響與潮聲總是禪機移我情白馬西來千古意
洪濤指點宛如生　萬慮都澄風色哀奔雷千里一
遡洄燈傳古佛心心對誰許閒雲入洞來　入洞原
來出洞人不須寶筏問迷津鯤鵬送水三千里猶道
僧家慣食貧　洞口本巉鑿見奇僧人砌之以石嚐
呟須洞之音幾矣詩以惜之趣本天然漾碧潯潮生
月上響遺音雪翻銀浪千峯白雲吼金堂大壑陰怪
石自供蓮佛座湍流激動老龍吟僧嬉只愛繩牀穩
一段奇懷與逝沈　原無妙悟解優曇卜築爲僧飯

餓參洞自雲深潮欲上砥非周道砌何堪嶔奇勢失
山安在平𥫱形成勝亦慙誰把開工芟闢去如還本
相付幽探　朱明府招同史立庵家慶臣遊潮音洞
爲政神明蛟海賢蝸頭獨步釣鰲旋共乘天上瀛洲
筏來作蓬萊絳殿仙日麗河陽花縣錦雲棲洞府石
巢穿愧予大小東山客賭墅無能與此緣　醉墨安
期桃吐華招搖仙吏棗如瓜玉堂春色偏朝斗花縣
和風早樹麻中散雲林堪作主仲容疎懶醉爲家扶
背鳥棲三珠樹一筆滄瀛鎖翠霞　斗魁卌府映文

昌彦會闢門有美堂紫海瀾生綸閣綺法宮烟繞令
君香酒狂二阮矜同調醉壘三花妙五倉萬慮俱澄
波上意航來一葉卽津梁　焚魚學士本仙才佛面
光流慈母哀琴署暇時山色好承明草罷日邊來海
濤近媾天風起保障新懸星斗回朗誦元虛遐覽賦
謝庭先後愧紛陪○謝緒彦同奕者段漢升遊仙人
洞仙人自昔在巖阿一局圍碁覩斧柯隱隱樓臺臨
雉堞遙遙烟市没滄波石頭篆蹟經時古洞口山花
閱歲多欲訪蓬萊從此近白駒空谷未須歌○周世

緒丙子立春日同胡峭水孫幼連遊仙人洞東風鼇背一帆開六合荒荒我輩來芒屩亂雲穿古洞布袍落日倚空臺名山有福詩僧住故國無人壯士哀爾得磨崖三百載墨花猶未搨莓苔

碁子枰　在半山之間有小沙灘其下通海相傳出石碁子人欲取之先以白米或黑豆撒其中翼日得子各隨其色今無驗

仙井　在山巔久旱不涸一名自在泉一名甘井安期生醉墨桃花石處

明張琦詩蒙泉一勺亦泓然隨石爲雲氣作遭瞥眼
法霖迷大海却于巖際逗冰天

山麓井 水從石罅中流出邑人珍之取以釀酒味最香
冽

海 東接三韓日本南通閩廣諸番西北直抵京師而山
與巾子山形勢相控實爲潮水出入之障蔽此鎭海
所以得爲邑也
宋燕肅潮論觀古今諸家海潮之說多矣或謂天河
激涌亦云地氣翕張盧肇以日激水而潮生封演云

月周天而潮應挺空入漢山湧而濤隨析木大梁月行而水大源殊派別無所適從索隱探微宜申確論大中祥符九年冬奉詔按察嶺外嘗經合浦郡沿南溟而東過海康歷陵水陟恩平注南海迨由龍川抵潮陽自出守會稽移莅句章是以上諸郡皆沿海濱汇朝夕觀望潮汐之候者有日得以求之刻漏究之消息十年用心頗有準的大約元氣噓吸天隨氣而漲歛溟渤往來潮順天而進退者也日者衆陽之母陰生於陽故潮附之於日也月者太陰之精水者陰

類故潮依之於月也是故隨日而應月依陰而附陽
盈於朔望消於朏魄虧於上下弦息於朓朒故潮有
大小焉今起月朔下半子時潮平於地之子位四刻
一十六分半月離於日夜之辰次日移三刻七十二
分對月到之時以日臨之次潮必應之過月望復東
行潮附日而又西應之至後朔子時四刻一十六分
半日月潮水亦復會於子位於是知潮常附日而右
旋以月臨子午潮必平矣月在卯酉汐必盡矣或遲
速消息又小異而進退盈虛終不失於時期矣或問

曰四時潮平來皆有漸惟浙江潮至則亘如山岳奮如雷霆水岸橫飛雪崖旁射澎騰奔激吁可畏也其奮怒之理可得聞乎曰或云夾岸有山南曰龕北曰赭二山相對謂之海門岸狹勢逼湧而爲濤耳若言狹逼則東溟自定海吞餘姚奉化二江侔之浙江甚狹逼潮來不聞濤有聲也今觀浙江之口起自纂風亭北望嘉興大山水闊二百餘里故海商船舶怖於上潬惟泛餘姚小江易舟而浮運河達於杭越蓋以下有沙潬南北橫亘隔礙洪波蹙遏潮勢夫月離震

兌他潮已生惟浙江水未漲泊月經巽乾潮來已半濁漲擁滯後水益來於是溢於沙潬猛怒頓澒聲勢激射故起而爲濤非江山淩逼使之然也

明陸世儀海潮評潮汐之論惟余襄公安道之說得其正其言曰月臨卯酉則水漲乎東西月臨子午則潮平乎南北朱子深取之然襄公但能測驗而得其事應未爲探本之論也子者陰之極而陽之始卯爲陽中酉爲陰中據襄公說潮汐始於卯極於午始於酉極於子是始於陽中而極於陽盛始於陰中而極

於陰盛也竊謂不然天地之氣無一息之停當其消時便是息時如垢復之於乾坤相隨如環海潮亦然當其平於子午是極盛之時正極消之時也纔過子午之半海中之潮生矣是潮汐生於子極於午生於午極於子但初生時甚微又其來甚遠初不之覺至於卯酉而後盛見非生於卯酉也此即一日中之小乾坤一日中之小剝復也

明黃潤玉海潮評海潮之論先儒辨之詳矣然或不能究其底蘊焉予嘗即物理而格之大海之潮汐必

隨月之出没是月之與水皆主乎陰而氣類相感晝夜之間陰陽再升再降早曰潮晚曰汐凡物之鹹降潮時入瓮若糟醬之類過潮則溢不爽毫釐此可見天地間一氣升降雖金石必貫也然而春秋二仲潮汐洪大者葢因卯酉之月陰陽適平不寒不熱非如夏陽之酷謂之驪殺冬陰之冱謂之凍殺正猶每月初三十八之潮皆值日陽没海水沸而助其勢亦缾水面火則濆之譬至如錢塘曹娥二潮一時浪捲者則因海口山隘而江淺必待他江潮半而濆入猶激

水之入港汊必驟起而漸殺所以比他潮候常進一時焉

明米萬鍾招寶山閱兵觀海賦

皇帝膺籙之二年歲在元黓閹茂月次仲辜余謁直指傅公於句章時公適大閱水陸並舉繼之以夜登招寶山臨溟海余及海道洪君從公顧謂余賦之余謝不敏敢拜嘉命賦曰歸墟之瀇滇渤之灝肧渾太清澒洞淼漫徒觀夫陰火弱流之俶怪犇奫炎徼之鬱盤淅若無而若有訖巽隅之片千爰有巨鎮越在灊門前襟榑木後枕

四明安期留舄而境迥任公蹲犗而波神邇徐市之
窮島蟄龍伯之遐濱其忽荒奧陝壙寘窮埌吠封狐
而蝟雄虺時鯛攖而甘人是用斥以重掫之警讋以
均服之振竊偵窒其罅要害扼其津羌小腆之蠢動
馳羽檄之紛繽妖氛白草霧慘紅巾桴青徐之鼓宿
山海之屯諒遊釜之終糜既舋舋而震隣維哲人之
長慮基老謀於壯事緬七伐之止齊將一鼓而作氣
萃跗注之君子戴兜鍪之介士帥以丈人董以大吏
諏剛日以戒期余趨蹌而狎至併異數於御戎屬右

鞬以憑軾奉樽俎之清燕摩壁壘以揚勵昉水續陸

質明迨昧爽觀其水閱則郁然足以駴矣其閱也樓

櫓如烟帆檣刺天闌錡齊榜儲胥衛焉躡飛梯之岌

業岈三休而躋巔屹中艘以建閣翼傍艦以開甄拳

勇剽桀憂鎮精妍三老競奮五兩鳥騫軍聲震而海

水爲之沸風濤擊而士氣爲之軒翥背掣兮雲旂亂

魚服射兮口羽鮮張翕之勢迅奇正之機圓洵良工

之使馬儻沒人之在淵固宜恬波來越裳之譯安瀾

廻楊僕之船爾乃執訊明威頒勞飾喜命駕崇邱弭

節高址臨招寶以揮觥捲浮歡而決眥周四瞬以無際但連天之積水鯤鵬化於一勺日月經乎波裏神惝恍以中疲日瞪貽而近眠俯讋黿鼉旋蘇之懸讋艅艎倏戢戚之比倏如蕉以姊薺失京坻之前擬肆詰朝之再閱壁水德之靈明潮擁山其懷襄海展鏡以盧澄蓬壺若可覿朝夕爽其恒嚙坳堂兮噴漂瀰門軌兮濤輪逖波委而瀾頹爰擬金而奏角轉青舫之湧凫列緇壇而命鶴雷厲焱舉夥毂擂攝五色方引千花繡錯乍魚頡而鳥舒忽風卷而雲落鷺鶿之

首尾應鴛鴦之羽翼合弓摋挂於若華駕將鞭乎蛟
鱷湃蜎蜺天壓譁虞莫襪懸驚矯以避風馬銜閃屍
而遯鑿迤振旅之衛衛奄諳應而恬漠忻鼙戰之同
朝待燔燎而繼作晢餘照於魯戈嗣前眺乎𥧂諸直
瞰洛伽傍睨三鼇指虎蹲之將將辨蛟門之嶽嶽何
飄颻之帆影點微茫於天末已而揭蠵酣昏傾烏顯
夕刻冪莽蒼視之同色欻一燧之高颺龍萬燈而迸
出蜿蟺明虹之飲天矯火龍之蟄始炬刻以摹璋旋
規隨而效璧散似爝分聚若鱗翕慯暮夜之有戒開

一面以延敵變疊五而勝全踰丙夜而功訖推廓畧
略上下情擇若夫討而訓之以敵愾摩而勵之以聲
實多算勝而少敗否臧凶而律吉師以和克勇以方
立此固昭日星以提命窮穀櫝而不置者也猗使君
之天挺貞虎躍而龍驤蔚文昌於紫極森武庫之清
霜理棼絲而立斷控函鼎而弗恇擬手中之僕姑墮
天上之欃槍嚳折膠以立威資省汎以立防余小子
之厚幸瞻蘇軨於顏行聞鼓鼙以軒翥佐折衝而慨
慷傾耳泛昆明之水凝神騁金馬之鄉啇烏號之肉

好析夏服之楛艮運籌決勝此焉已覘嚆矢磨盾作檄竊欲附其末光頌摽狄之惕威竄頭顱於島航魄已褫於先聲去卒罹夫後殃悉俘而獻之闕下斯亦我武之維揚行洗兵於鰈海會刷馬於龍荒華腆節鉞爲奕旂常期斯言之不忒庶斯遊之不忘

宋紹興間頒發祀海樂章須洞鴻濛天與無極導納江漢節宣南北順助其功善下惟德我祀孔明以介景福○淳祐間頒發祀海樂章百川所歸天地之左須洞鴻濛功高善下行都攸依百祿是荷制幣嘉王

以佑以妥　滄溟之德東南具依熬波出素國計攸資石臼郝敵濟我王師祀其享錫益昇燕綏

唐宋之間祀海詩

蕭蕭祠春濱霄齋洗塵慮雞鳴見日出鷺下驚濤鶩地潤八荒近天回百川澍筵端接空曲目外惟雰霧暖氣物象來周遊晦明互致牲匪元亨禋滌期靈貺的的波際禽沄沄島間樹安期今何在方丈菽尋路仙事與世隔冥搜徒已屢四明背峯山遺老莫辨處撫中艮自慨弱齡忝恩過三入文史林兩拜神仙署雖嘆出關遠始知臨海趣賞來空

自多理勝孰能喻留楫竟何待徙倚忽雲暮

明薛三省登招寶山觀海詩鰲柱頻登興不孤望洋漫復問桃都潮來湧月浮天地雲起連山接嶠壺浴日橫濤輕捲雪駕風翔櫓亂飛鳧祇憐烽火頻年急橫海舟師若有無　突兀孤城到上頭平臨虛閣俯滄洲天連巨浸浮鰲柱山吐層陰結蜃樓五兩輕舠來復去千尋古洞做還幽蓬萊望去應非遠瑤草金花不可求　獨憑高閣豁塵眸不盡滄溟一瞬收日月升沈天水接風濤吞吐地山浮壺中却羨真三島

環外偏疑大九州我欲乘槎星漢轉黃河何處溯洄
流○周容詩極目萬類空内視忽焉大如在天半看
白雲蹈不破仲連無羽翰何事輕波瀾藐軀奉蛟龍
何足充壺觴安期遺鶴至我欲從之逝秋園葵未栽
復返人間世
國朝馬嗣昌候濤山觀海候濤山勢何崔嵬五丁鑱
鑿疑天開矗立砥柱萬里泿下藐衆阜如羣孩虎蹲
傍列耽視守金雞斂翼遥追陪烟雲島嶼倏浮沒奔
濤俄逐長風來橫空冪莽不可測大波軒然勢欲過

腥風蜃氣紛迷離咫尺晴光黯霧黑繞地但聞轟雷鳴捲天俱作寒雲色蛟龍嘯吼怒噴薄沙鷗迴翔爭起滅千狀萬態難具述時而風止天日白大觀洋洋豁我眸細流涓涓殊不屑何須排馭凌滄洲登高萬壑入胸臆○萬言觀海詩浩蕩薰風裏揚帆東復西山光隨月朗雲影帶潮低舊事懷奔鹿新聞嘆鬭雞息機吾意久梅竹擁西溪　洛伽何處是積雨想奔溪海道依魚網山田指鹿蹊艙船飛穴樂鳥語集鵬題太息浮生事終朝絮墜泥○李暾次韻空濛迷去

住錯愕辨東西南脚四窗亂雲容兩岸低新詩揮玉
臚端水咽金鷄海外無陳迹應非蹈澗溪　指點東
南路蓮洋隔虎溪波光平鏡面帆勢曲蛇蹊觸目皆
生趣留心不盡題晴光卜明日遊屐不沾泥○洪斌
次韻侯湖占月上發棹報風西地險春濤壯天陰海
色低逍遥空野馬踽踏笑醯雞此意同人共風流續
虎溪　舊有名山約茲遊接小溪會心皆異境過眼
豈恒蹊帆影浮天出詩名選石題風光好相賞海燕
啄香泥○俞寶華招寶山眺海一峯尤立如孤標下

瞰碧海環周遭颶風一夕忽陡作陽侯氣橫飛廉驕我來眺海登絕頂但覺水天一氣空寥寥凝眸有狀悉渺漫入耳無響非蕭騷須臾風定雲解駁淩虛四顧窮秋毫其西鹽亭列沙戶鹹氣蒸白波爭熬其南闤闠集商販千桅高亞停番艘北東何有純巨浸蛟門虎嶼微露雙山椒廻瀾浩浩地維圻沓溟冥冥天容包崩雲屑雨浴蕩颶海門一縷何迢迢冠山子城阿誰築錫名威遠秩堅牢城嵩巨礮雁齒列吾家武略傳前訓惟時嘉靖備倭患駐此瞭敵偏師鏖近來

時清海波靜微聞金塘石浦時繹騷將軍神武自不殺未可解甲刖弓刀才如青藤世豈乏吾謀不用頭空搔侯濤山頂一長嘯相與上下和答惟風濤○汪彥與沈源美杜言登侯濤山觀海六十韻浩淼乾坤裏緣蘿陟寶坊披軒汎容與適意縱徜徉紛堞潮聲撼青峯練影涼九州分控帶萬里盡微茫直是奔元氣寧容遡濫觴偶時能震地何谷不遵王受露疑無底浮天自有旁乘衰輸巨壑避礙度迴塘險阻蛟門設咽喉鰲柱嘗及秋風作浪未曉日登光形勝猶同

昔蕭森此一方數九占潮汐跳沫走平岡白晝驚鳧
夢寒霾失雁行收鮮歸近浦曬網挂危檣積濕衝衣
潤淪陰合岸鼓懸洲歌伐木驚渡競鳴榔島闊潮雞
應流深贔屭強濤翻如峭壁瀾靜即康莊浪指尾閭
淺虛傳鱔穴張無由窮地脈總是接天潢海味居民
熟風波過客嘗大魚吞雀舫姹女舞霓裳蜃結孤樓
迴鼇擎別嶼長援琴情易寫銜木恨難忘入水禽形
化凝鞭石血藏揚塵說清淺海屋記桑滄方士憐徐
福求仙笑始皇當空餘鳥道寥廓斷鼇梁梵剎遺金

鉢蓬瀛做玉房潛鱗時出沒陰火叢輝煌牛啖紅蓮
鐵入餐白石糧本非塵世界只在水雲鄉肉骨少輕
舉眞如莧闢揚畏途正洶洶東海自泱泱決注頻觀
彗炊烟遍煮霜珍奇資奧府捆載集行商盤涙鮫人
泣冰蠶泉室將權征多踞虎朝貢久無狠遥望鯨鯢
竄還憂魚鱉殃徵兵閒羽檄移汛戒艅艎不犯斗牛
家誰殲金虎芒鴻冥青漢冷龍蟄紫雲荒一肅陽侯
遁三山神瀵香鬟從沈髮北愁已教眉睚魯氏偏逃
爵任公肯釣瀵呼閉關九豹吹落管雙凰所見銀宮

闕應銷土胃腸烟霞因世癖傲睨覺身妨色界冥濛
老年華摶激忙蓬飄隨泡聚機息共鷗翔澆俗渾皆
獨吾生且獨狂珠遺曌復隱蠡測那能量河伯趨堤
嘆波臣誹漫傳掀髯照塵幘回首問慈航桂樹搖明
鏡芙蓉吐碧鏟懷林方百大選勝豈尋常歷覽眞都
幻登臨殊未央眼前礫曠蕩杯底興淋浪禪月頻揮
塵佺期屢據牀醉來攜手去箕踞看扶桑

大浹江　自蛟門海洋分派爲大江向西由招寶金雞二
山之間泝流七十里抵郡城三江口分流西南六十

里至鄞縣屯山堰西北二百里抵紹興上虞縣通明壩其浹口爲扼要關舶戰艦處
明馮鍾石使君臨定祀江詩瀛國登壇秉鉞勞禹強肅祀布君蒿山移聲撼雷回陣海嘯檣飛月湧濤若木三神流影見馮夷四瀆望中滔來王九有烽烟接天柱撑看有巨鰲憲府新開日近邊元戎十乘鼓聲闐千重色映龍旂動九府馨聞獸炭烟劍倚扶桑三月捷鞭長漲海一風懸明禋爲助飛帆順耀武春秋半壁天

國朝謝泰宗遊大浹江詩身逐波濤險心隨魚鱉遊滄翁江上問既拾復何求　九曲似黃河梯航從此過誰教人不渡鯨穴漲烟波　蛟虎壯雄關千艘定百蠻將軍弓馬勁不管水潺潺　浮鷗如浪沒示我陸沈意不怕蛟龍吞只愁腥羶餌　江潮往返信一日兩回催何事錢塘渡三朝竟不來　荆使君祀江風雨大作明禋肅舉禹強位六宗昭明神不匱价人耀德且觀兵鐵室周防使有備精意焄蒿氣上通六甲天丁齊舉響百神震疊不自安河山改色迎新幟

自從整旅大荒東豪曹叵襄怨壓崇安得一朝風雨
洗刮磨滯垢見神雄使君秉鉞神人肅奇相居歆恩
意沐巨靈贔負噴鼇雲琴鳥鼓浪和山逐初見旌旗
映日明海童邀路擁矢箙纖開火烈礮車開馬銜波
底飛鱗矗三軍齊飲投醪醴共見神龍乘列障豐隆
號屏護駕前江豚海豨何足狀使君不懾亦不動知
是神明有所諷六軍江漢怒號來靈胥協力風雨送
已遵天吳髣髴臨何有蜩象閃屍弄從此江妃萬里
導瞬息歸墟征帆到烽烟橫海靖長鯢冰夷爲君裡

祀報

海防

威遠城　明嘉靖三十九年都督盧鏜與海道副使譚綸請於總制胡宗憲於山之巔建築城堡周圍二百丈高二丈二尺厚一丈雉堞一百六十七四十一年海道副使劉應箕知縣何愈增覆石屋其上東西闢門二建戍屋四十餘楹調兵以守名威遠城天啓四年大風雨城半圮令顧宗孟重修　國朝順治十五年總督尙書李率泰檄修改雉堞一百四康熙四年水

師總鎮常進功加銜道光二十五年督辦浙東善後
事務巡道鹿澤長陳之驥募資大修
國朝謝泰宗重修威遠城記余觀古名將未有不熟
於形勢者也王公設險浚渠傅堞而守俾形有所捍
勢有所禁而不虞是防况慈倭濤屹峙海口以咽喉
兩浙爲全郡門戶哉往者汪直引倭犯闗深入由門
戶之不慎咽喉之未守也故山之有城城以威遠著
盧公譚公經其始劉公何公覆石屋焉勿論增華踵
事難其人卽距今百有餘歲石剝雉摧誰爲政也

朝廷念狂寇匪茹疆圉告警特設水鎮統其師我常
公用翁洲之捷大蘭山之蕩平閩安鎮之擒獲纍功
而倚益任其爲門戶咽喉計固不特一城之增崇加
峻也即就定言之若靖波臺若閱武樓若鐘鼓樓無
不煥然改觀而大功尤在金城之濠隍即茲威遠猶
緒餘及之也乃公正不欲緒餘視之也公益登城而
遠眺矣其自琉球日本三神蓬萊秦皇之所心豔漢
武之所遠征一覽而即得梯航獻琛欣然有六國來
王之志焉又嘗登城近顧招寶俯瞰縣治既不違數

十武栗高牖下若遊入據而有之所擊礮若一丸泥而炮烈機發燭照而數計愀然抱剝膚震躬之憂焉斯公亟亟於是舉而不容姑待者也人謂公曰公涖定十有八載雖四方援勦弗克寧宇斯城堡之蝕壞俟今日一振修耶公曰大木之舉非一人力也千里之程非跬步至也向者權不屬焉覬日天子東顧問握符玉帳者撫隩瀆塹誰似顏平原者慮無以對揚休命而稱保釐秉鉞之臣故遠睇而欣然近顧而愀然我公十八載之神思未嘗一日釋諸懷也於是撥

大數揣高卑計徒庸慮材用書餱糧以分役舊城二百丈今更廓五十丈有奇而二丈二尺之上復高三尺城身厚一丈者益倍之東西二門樓鳥革翬飛不但扃鑰之嚴固矣公又以城孤而無輔乘障吏僅足自衛而遠之不禦何名威遠乃於城之東西北爲砲臺三每臺高廣各四十尺置鐵發貢二千觔臺各二位諸戰守械咸具凡使厚集其勢不至孤而無輔也是役也三越月而告竣官帑不費民力不屈子來之趨如手足之捍頭目所稱人和逾天險之雄此物此

志哉然余更服公創水治陸節陸治水任聽圍而不形彼此之見爲得將相大臣之體云常公名進功遼東人

明沈一貫威遠城望海詩積水溟濛俯大荒百蠻於此拜冠裳揭旌伐鼓今何日巨貝明珠久不王未保鯨鯢終穩浪休教燕雀且娛堂諸公雄駕長風至好淺洪波種女桑　董元哲登威遠城詩孤城斗絶控神州海色晴飛上戍樓蜃氣浪傳森劍戟鯨波不礙潞鳧鷗由來廟算稱威武應有元戎谿競緘顧我生

平鉞俎豆雄心亦自拂純鉤

營房　十一間在威遠城東門内道光二十五年重建分

防兵五十名統領官把總一員安設紅衣砲五位膀

山砲六位行營砲三位得勝砲九位

烽堠　三座在威遠城西門之左二座在威遠城東門之

右

西砲臺　進威遠城數十武康熙四年水師總鎮常進功

於威遠城之東西北築炮臺三每臺高廣各四十尺

置鐵發貢二千觔臺各二位

北砲臺　在北岡

東砲臺　在東岡舊貯鐵發貢仍存一位俗呼娘娘砲道光二十一年被嘆咭唎夷兵沈入海塗

演操臺　自西砲臺稍折而南離威遠城百步下臨演武場

演武場　在招寶山下地廣百畝自明至國初俱操演於此雍正三年移於城中場遂廢爲荒土道光二十五年辦理善後事務於場東新築砲臺一座

國朝王鶴遷請復教場舊址議鎮邑舊有教場在東

西兩門外候濤山之下大浹江之口由來久矣康熙初總兵黃大來奉　命移鎮舟山後立舟山爲定海縣而錫本邑以今名留參戎駐之城中縣治東之帥府因移鎮而隨撤其宇木以去自是故址頹垣爛爲茂草里人且請輸租以爲種植地旋奉禁止雍正三年參戎呂瑞麟詳請移教場於是區爰建演武廳及旗臺一時改觀不但人忘此爲舊帥府并忘候濤山麓爲舊教場矣夫天設候濤以爲海門柢柱而審形勢者既立城於山之巔復立教場於山之麓此皆因

險以爲衛之義也今之移教場於城中者將何所爲乎夫軍容不入國古之制也書曰閫以外將軍制之設可於城內操兵則立營之初城中豈無數畝之隙地可供蒐苗而必觀兵於郊外乎其所以必觀兵於郊外者蓋兵貴先聲而後實利在耀武而揚威當操演時旌旗耀日戈甲彌天鉦鼓連鳴砲聲不絕寇偵來窺伺之膽消遠人覬覦之心其爲謀至深遠也縣東西郊外兩有教場俱寬敞平衍可容萬人西門外教場土名白營前伞總帥因承平無事命軍人開墾

爲田隨棄售民間今既易數主矣若夫東郭教場據險扼要較勝西郊外緣戰艦水寨之陣疊鴛鴦內樹牙幢岸左之營連鸛鶴張聲威遠勢若建瓴雖海潮爲患侵削尋丈耳邑人利無禁阻挑土取泥故址日益削然苟用一營之餘力修除培補之猶可以復故今棄數百年之場址爲廢壞而張我師於城內舍門庭而事堂奧疎守望而詫市人其誰知之而誰懼之況鎗砲喧闐於城市亦屬不宜譬如心腹受驚而百骸震慄亦理勢之必然也介冑之士狃於便安治平

之時當思保泰還總府之舊基別謀久遠復教場之故址重整規模庶市肆不驚而軍容遠震是在爲國爲民之君子矣

靖海營　都督盧鏜旣築威遠城於山巔復於山麓西南舊祭江亭址展築營堡周圍二百四十丈建屋四十餘楹置鐵發貢五千觔者四座銅發貢三百觔者百餘座諸戰守器械靡不畢具一名威遠營今廢

鉤金塘　舊呼狗頸在招寶山子兩山之間城北舊有漲沙塘址久湮自沙塗坍沒外海潮浪即注城濠數武

之地實關險要乾隆十二年七月潮乘颶湧土石冲没邑令王夢弼做魚鱗塘製長一十六丈寬一丈一尺大中丞方觀承尚慮其險又捐帮土鐵五尺幷釘底樁砌坦水以護塘根改今名鐵巖壁道光二十五年辦理善後事務於塘外塡築砲臺一座

外江塘　起南薰門東至鎮遠門海口計長一百六十九丈乾隆五年邑令楊玉作於石塘止處接築土塘以迄招寶山麓計長一百六十五丈十二年風潮大作冲塌土鐵石皆傾散邑令王夢弼重築招寶山麓之

臨浦土隄改築塊石塘一十九丈

招寶山志卷上終

天后宮　即望海樓

魁星閣　在俟子坪上道光二十六年邑紳士改亭爲閣面對天封塔直收九曲水所以振闔郡之文運也

海神祠　本在縣南城外祀東海龍神明嘉靖四十一年海道宋守志都督盧鏜知縣何愈改建威遠城內國朝康熙四十四年祠燬復移像原所今呼老龍王宮

明邵輔忠招寶山禋祀龍神記定濱東海蛟龍之所宮先穆朝初紀毒龍肆孽瀕海無寧居皇帝命大中

丞諭祭東海龍神立石候濤山巔每歲六月朔有司奉牲告虔以爲常邑侯張公莘定之三載德化翔洽民樂清晏朱明更季爰循故事敬舉此典是朔昧爽躬率僚屬禱於候濤禮也日甫高舂狂颸倏號雨下傾若決馮夷山立而嘯溢塍隔閭厥明未止岸齧彌黍秀者隕植者仆民皇皇虞無以保乃粒侯草檄告城隍卜更祭治牲加碩酒醴加澄祫玉帛籩豆之具加慈越朔戊午明齋心祓志復率僚屬上候濤而禱之風雨驟激侯素袍角束帶盡漬冒之而上出文以

告於龍神曰吏奉天子命宰一方期於共綏吾民茲
烈風淫雨吏不職與抑祭勿虔與祭勿虔吏更擧吏
不職乃以災吾民耶咨歲旱魃爲虐田不獲有秋無
以應賦稅吏多方爲民請命殫力撫字今幸雨暘時
若歲將稔矣神不恤而降之罰無秋何以有民無民
神能晏然饗天子命吏祭乎宰不職罪在宰民無辜
毋以宰故戾吾民俯伏泥首祈必靈言未已風颷忽
戢浮陰頓豁曦輪新御海色浮動神龍隱見彷彿夭
矯雲際羣必胥悅起視原隰陽侯之波若驅而歸諸

鋻向之隕者仆者實穎實栗得書大有年三農謳歌共神其事博士葉君與是祭錄告龍之詞以示余余觀龍之挾風雲而上下也天下至靈莫龍若然方術之士間得而豢之咒之御之龍雖靈猶之乎物也誠能動物誠之至者往往格天地役鬼神即變化不測之物咸聽命而不敢後非一時之誠之爲至而有積斯孚者之爲至也誠之積也不厚則其動物也無力今侯隨禱輒應使龍俯聽命於侯之一祠則侯之誠可肇而知龍亦安在其爲靈異哉侯之誠不在更祭

時也今春祝融燬民廬東邑縣猶甚棘侯念諸囚錮之非立斃或生他虞亟移置別舍徒跣望火再拜風即西返焰旋熄縣猶無恙民居多獲以全劉江陵之返風滅火不是過焉迄致海波不揚歲書大有天且以是爲侯至誠報又何有於龍雖然天人之應如響至誠如侯即爲龍之靈侯一祠命之也亦宜士民礱石請余以紀樹侯濤巔同諭祭碑並垂永永志侯之誠大有造於民也侯諱琦無錫人甲戌進士

東嶽行宮　在山足宋紹興八年道士李知孟建元大德

六年敎所請額曰旌信朝元宮自明迄今屢圯屢復道光二十一年被暎咭唎夷兵拆料燃火二十五年善後案內捐建

關帝廟　在東嶽行宮之左

三皇廟　在山之陽元至元三年尹張輔建今圯

元應奎翁記天地果何始乎自生人始也生人果何始乎自有聖人始也天地非生人不立生人非聖人不成粤若稽古渾樸初判鴻荒未除獸與人雜人與鬼俱心傷猛鷙目駭罔象無爪牙以搏噬無毛羽鱗

介以槧実對燥歷結繩不可以久洽毛血不可以久茹也時則有若太昊炎帝有熊氏三聖繼作通而變之神而化之設其飲食制其貨財捌其物儀作其什器欺能使信弱能使強凍能使温饑能使嘗糲能使粢秕能使揚逸能使獲鱻能使烹居能使遷震能使懞暴能使藏易十三卦所謂前民用者伊誰之力哉後世聖人慕而像之春而祀之所以崇德報功示民有初也國朝壹函夏倣古制飭郡縣廟祀惟謹於是祠宇被四海輪奐光六合矣定海邑隸慶元爲郡重

鎮海外衆番所觀聽廟宇獨缺有司每當祠事卽縣
廳事爲壇肖方明焉吏民循襲以爲故常牲且弗蠲
裸薦無節神明弗享至元再改元之第三歲在丁丑
六月縣尹大梁張輔字友仁實來訪問謠俗人民所
便利諸所廢隳以次興補惟緒具見乃作而歎曰習
陋俗愚闇令強趨不采以初未能有孚廟瞻典崇重
祀隆棟宇以副上意以勸民庸以竦遠方之視聽事
不在茲相攸縣東北招寶峯之陽捐俸楮以爲之倡
內而寮吏外而諸司庶職下而士民之好義願助經

費者翕然而應市材傭工一如其直不求豐爲經始於是歲十有二月甲午越明年之三月廟成民不知役官無里費屋凡五間地闊若干尺深若干尺門廡旣庇法而力未逮姑俟來者未幾祇薦時事儀盛物備有加於先神人具喜於是邑人謀勒石以垂永久徵辭於奎翁自惟職忝文學不得以材劣辭謹按春秋二時釋奠三皇禮視大成孔聖之載在六籍炳如日星似無待於兩楹之奠而始尊也皇風未泯僅載三墳而百篇之定不及錄焉使廟祀不立千載而下

道何由而尊則夫任茲事者宜不後於大成侯之汲汲於此知為政之本矣後之繼者尚勿替侯之意哉遂叙其顛末系之以詩曰厥初生人泯泯棼棼不有聖哲誰開見聞大哉皇猷模楷範設功妙造化德昭日月我朝師古設之經祠郡邑為一何獨此遺廢興有時循環罔極張侯為政匪徐匪棘紀綱既布治功聿成期返淳風作此廟廷蠢蠢茲民是儀是式庸示不忘麗牲有石

靖海營祠　在山下靖海營內舊名海神壇正德時改祭

江亭嘉靖間都督盧鏜展築營堡爲海口屯戍祈祀
海神之所因名靖海營祠

古蹟

漸入佳景坊

天開圖畫坊

半山亭　一名浩然亭以居山上下之半故名

喜雨亭　在半山亭之上山南石坳斜抱處　國朝乾隆
年間邑令周樽因禱雨輒應建亭於此下有小沙潭
名海眼廣深不踰尺任置沙石瀰滿翊日復成潭

八面樓　今圮

大悲閣

眞武閣

萬壽樓　明天啓間邑令顧宗孟並建今俱圮

觀瀾庵　前臨澗後靠壁千仞以地考之當在今威遠城

中

寶泉亭

觀瀾亭　俱在山上今廢

地樓

陳夢蓮憂旱登候濤山友人招飲地樓詩登山閔雨寄焦思何意盈儔皆𩑡知樓下有樓堪避俗酒間無酒漫吟詩風流繼美參軍日頁會還同潞國時此際勝遊難再得話長唧唧步遲遲

水月樓　在寺之東廡面東向對望竹山樓下爲水滙處築臺一

觀旭亭　在後山

憑虛閣　康熙乙酉歲燬

明錢文薦記當高皇帝時宋學士濂建議濱海編氓

莊語禮樂則見以爲難知而佛教慈悲亦足以勸動
恭彝而禁塞奸宄然則琳宮寶刹何莫非爲王化設
耶普院距蛟邑五百里而遥下有潮音洞蓮花洋洛
迦巖蓋特觀音大士出現所也昔唐大中間僧慧鍔
請五臺沈香觀音於梅岑至宋益闢梵宇改梅岑爲
普陀山賜額寶陀禪寺寺所由來尚矣我肅皇帝時
島倭内訌竊穴其中倏出没爲東南患議者憂之乃
奏請遷寶陀寺於招寶山天子可其奏命下遂悉能
南海舊寺而特奉大士貞身併萬壽牌來歸招寶按

志招寶山一名候濤一名鰲柱去定海縣治僅里許
士民簇邱墓於上犇然萬壚僅一老衲明患結茅雲
表將大啓福地獄惎嘉靖丙辰總制胡公宗憲都督
盧公鏜海憲譚公綸暨郡守張公正和縣尹宋公繼
祖都指揮黎公秀各捐俸營寺仍劄昭慶僧眞海住
持主募緣十方以助成厥役不踰年告成而掌事者
猶慮艤舶竊風夜突蹈南海故事非計也仍請命議
建威遠城址窄而雉堞省若者巾山頂爲寺四壁扞
而寺兀然稱雄巖矣寺山路屬邑東郭鎭海營北可

二十步爲漸入佳景坊再行桃椰隄二百步許捫石而登百級爲第一山碑復五十級爲天開圖畫坊再七十級半山爲浩然亭平折而上二百六十步倏見濤勢湧山脊彈壓海外諸島爲宋王荊公鏤題六國來王處平倭第一關次躋絶頂爲俞將軍君恩如海碣稍進卽觀音禪寺殿三重丹甍碧瓦照耀雲日最高上奉大士眞身中若井幹下者爽平爲頂禮進香壇殿翼迴樓左懸鐘右楹鼓晨夕爭吼蛟吟鼉三疊東起望赤輪飛出扶桑見虎興蛟門諸嶼五色浮動

可謂天下奇觀殿南建天王殿遙望四明迴插天際轉西俯瞰巾子梓蔭二山並峙邑城萬戶相屬北負眞武閣去閣爲敵樓顏以憑虛入窗洞開覺大海波濤近在几席而千艘萬艦跕跕作鳥鳶飛亦目中一大快也日下時見蜃氣結成樓臺倏忽變幻恍然疑置身蓬壺上梟下敵樓出城傍列烽堠下五百級東折爲觀旭亭多名公所題出亭傴僂而入室鎸爲潮音洞如南海梵音然世傳石上有仙人迹今不可得矣復西上百級分蹊南折爲巒茂林修竹甘泉之塢

爲夕照庵車輔城寺寺旁祔隙祀名公有功海上者
夫禪土燔柴七十二稱名山者嶽鎮而已招寶寺兀
峙海中爲東南一大屏翰湮沒千餘載而近始托大
士以傳亦猶岱宗之有碧霞麥嶺之有黑帝香火熒
煌奔走遍天下力而不知防禦以固窺伺以消其有
助於王化豈渺淺哉承平踰五十年海內外幾不知
有兵革事伏波下瀨諸軍乘春潮秋汐而遊海上勤
者爲樵採惰者爲博塞逍遙翺翔日蹈淸人之轍矣
幸九廟鐘鼓鎮壓鯨鯢萬萬保無他虞脫成叵測一

且駕乘風拍浪之舟而泊城下不識當事者何以待
之縱太士有靈爲能逆奪其謀而陰褫其魄將遂學
天雄老子佯儻修齋誦經爲能了吾事耶余服勤海
上今老矣因其請記艸及此俾海上治兵諸君子當
共圖綢繆之計可也

林可成同李邢臣攜尊閣上詩孤峯高不極登眺意
如何城郭山嵐重樓臺蜃氣多遠天行日月大壑積
江河縱飲吾狂甚鯨吞卷白波

石浪庵 今圮

僧如訥詩兀石柱中流安禪此晏修朦朧當檻出烏嶼與雲浮海氣忽成市潮聲欲上樓坐懸雙碧眼望裏小神州

夕照庵　在山後由北砲臺南行二里山之體勢廻環於此松風擁盤以夕爲佳令把

謝泰宗遊夕照庵詩層岡阻重險廻巒藏深磵幽屛列障開丹氣彩霓曳遊屐竟忘時倦飛卷衣袂卻看夜光生猶然夕陽麗穿磴躡輕雲繡牆羅薜荔綺散晚霞紅光照林木翳歸飛鳥暮喧朝夕池潺潏晏陽

非星辰掩映成睥睨阜錫收飛聲食鉢龍定慧千峯
烱光迎大海紫氣沴荊關心不移月下門欲闔烹茶
渴難須石牀斜自憩五鼓暘谷徽羲御咸池曈謀生
且蘇窮猶想焚膏繼何似光明陀餘暉弄晚砌（又
詩千峯巳共赭霞同下有菩提小院開樹冷欲呼羣
歸集僧歸刪趁夕陽來雲幡影落彌陀塔佛面光流
般若臺何處松風聲嘶瀝餘暉暖藉古莓苔　游口
生殘暝色懸上方鐘聲動諸天寒衣曬樹冰仍凍香
積流珠突起烟沙上眠鷗魚樂飽庭前過鷲雀爭樹

江湖帶梵聲知急幾度漁人歸暮船○董守諭至夕照庵訪嘯瀑和尚詩半山藏夕照雲引定中僧槐者寒瓶沸松化土竈蒸對經葉字細禁足草團層時和尚禁足觀海雷音淨吾師續此燈 春芽開生面浮雲拂袖過別時知有識悟後亦無多慕竺禪爲悅彈支才是魔與公如桃李不語解娑婆 初夏再至庵訪嘯瀑和尚沿山修路入犬識而過人瓢影松材老廚寒骨髓貧添參終日水月入幾重雲不問人間世何知學避秦○陸崑遊夕照庵海國無林木山隈獨翳然

小广依石綴殘碣與雲連疎磬斜陽下焦原戰馬眠老僧知陸羽急爲煮林泉○周西題夕照庵詩夕照知名久斜暉滿院明懸崖流水細曲徑踏沙平樹老人堪倚茶香僧自烹天高日落歸步屧尚留情

望海樓　在圓通殿後即真武閣舊址改建康熙乙酉燬乾隆間重建道光二十二年復圮二十五年善後案內建復

國朝邑令郭淳章題壁并序余自宰斯邑痒風塵之鞅掌已過十年負山水之清音并無隻字今以攝任

横州行將入都赴粵郵篆後偕同人步出東門候濤
山嶺威遠城新霽覓月之清遊補居官之缺事漫留
二律以代題時癸巳六月二十一日也　十二年氷
暫息肩登臨權擬地行仙君恩似海朝宗遠衆志成
城壁壘堅但見波濤浮估舶豈無斥鹵變桑田憑欄
未暇譚蓬島不少蒼生到眼前　萬里胸懷觸境閒
孤城回首隔塵寰人隨峯轉勞宜息鳥入雲飛倦未
還幾輩曾經到滄海故鄉難覓此靑山摩崖一片題
詩石陳迹憑西俯仰間○謝佑琦望海歌幷序余家

候濤山下山頂梵宮之上架層樓名望海時一登覽眼闊心空恒戀戀不舍去今別已三十年猶似上樓望海作望海歌　魚龍窟宅不知處鯨在浩淼波心裏波生浪疊杳無涯拍天極地何時已忽然突起金銀臺粧中城郭高崔嵬翠旗羽葢森周回車馬雜遝舞噴蜃龍王龍伯龍女夏魚臣魚婢走躍躍似獻異寶各炫奇光怪奪目洵陸離恨無雙翼飛相從攫身變作魚與龍攫其珍異稱大賈奚用蹋蹙同凡庸安知目眩如輪轉昏屯景色隨流演漸漸唯見水漫漫

一片波光看席卷樓船出沒徐市來童男童女安在哉跳擲雙丸貝闕閃蕩胸扶背心摧噴水天一氣吞復吐漁舟逐隊喧龍戶千檣萬柁遠近行出浪入浪不知苦我生海澨望海多心神時從海上過心波萬頃雪濤白興來爲作望海歌○孫家穀秋夜登候濤山感舊即題望海樓壁放眼乾坤且自豪海天秋氣正蕭騷珠沈黑水蛟龍蟄月冷空山鸛鶴高遠近江城浮古堞上方清磬落寒濤舊遊漸逐晨星散坐覺霜風動鬢毛○厲志登候濤山望海樓題壁我本滄

洲萬里客寄情湖海壯風騷一憑危檻嗟身世却向
長空羨羽毛屢闕排空東望遠龍門倒地北流高何
由推席號天柱短髮星星枉自搔

娑婆樹　二株一名摩訶樹在圓通殿前

紫竹林　一叢亦在圓通殿前或云大士變現處

明都指揮劉鼎墓　在夕照庵左

廣仁塔　在東山之麓康熙十六年左都督牟大寅建置
田十畝命僧照蘊收息爲瘗葬費
謝兆昌記吾定帶江負海而候濤兀峙其間銳師徒

乘障列守嚴若天塹雖樓船數千不能飛渡也故形
勢實爲東浙冠其山脊橫江斗發巨石璘璘出海中
金雞虎蹲俯伏其下習形家言者爭尚之又其地不
隸稅籍邑之貧而無以營葬者視爲萬里數百年來
風雨之所淋漓狐兔之所竄穴以及樵蘇壁壘蹂躪
幾遍而遺骸積於邱陵矣歲丁巳都督楚中牟公大
寅號洪開較閱山上惻然憫之因捐貲鳩工築浮圖
於東山之麓命僧人照蘊董其役凡無主而暴棄者
悉歸藏焉又復置田十畝使僧人世守以爲掃塔掩

骼之資可垂永久同里學使者虞公額其塔曰廣仁甚盛舉也余聞公之初鎮婺也屬隣疆警至公所身經數十戰未嘗挫衄竟以敵愾功第一開府吾定自公來此而海波爲之不揚公遂專意撫循吾民不踰年兵安於伍農安於郊商賈安於市昔之神武若一無所試而又推其餘恩以及數百年未枯之骨豈曰德施冥冥而已哉夫仁者必有勇公向之摧鋒陷陣非不足於仁也今之噢咻及物非不足於勇也然而施之各異者安危殊勢而仁心爲質則一也今茲邊

境比安而蛟龍濡沫之區觀望旦夕者往往多有脫
一日梯航而來歸遙望茲山之麓浮圖屹如曰此大
將軍所謂生死而肉骨者也夫將軍不忍於死者其
又肯忍於生者耶若輩不生受其恩於爲兵爲農爲
商賈之日而甘暴露於盜城盈野以動將軍異時之
嘆息耶吾知必涕泣歸命恐後無疑也請記之以誌
公仁且將與茲山同不朽也

金石

大士像碑　唐吳道子筆都督侯繼高鐫於山上道光二

十二年被暎咭唎夷兵擊碎砌入威遠城牆

謝泰宗題像碑陰書始於字字始於畫畫成於畫張旭學畫於吳道子而不得遂傳其筆意以草聖名則知畫者書所由始也唐吳道子畫嘉陵三百里山水於大同殿壁一日畢焉稱爲畫聖顧陸張吳畫中五經是也乃畫有專家若王維像趙昌花草畫有專學若孫立水張南本火未必隨所見而善也以余觀候濤山石刻大士像手筆傳自道子道子正不徒山水擅奇者乎然山水以韻趣勝佛像以莊嚴勝非但於

出水之衣當風之帶就形似闍逞體態也昔李伯時
善畫馬魂夢中身化爲駒若在水草芟牧中者法雲
師教以畫大士像於是向之魂夢或聞聲而夜升兜
率或持念而寤寄修羅乃知神凝於所習則有不言
之喻志崇於所往則饒俱化之能道子於此神契默
解竟何若也無亦道子之身即大士所化之身道子
手握之管即大士轉授之管乎枉子美亦言虎頭金
粟影神妙意難忘未知所爲神妙者何法之傳矣畫
寫物外形要物形不改大士之形安在論畫以形似

見與兒童憐大士形外之神又安在大士具三十二
相八十種好就其所願於衆生者即大士所以自狀
者矣今諦觀所爲像耳普聞乎鼻伏怨乎面離過失
乎舌普調伏乎首鬘華而身離我慢貢高乎若猶未
也大士所爲三十二相八十種好終未過肖也然自
唐宋至於今歷歲二千山河幾變而是像巍然如魯
靈光之不改神物之呵護者多矣意而度之冠之以
荷花製象其不染衣之以直綴表章其素心手足持
行而恪恭如其以陶家輪擲過恒河沙界想其下筆

時巳聞聲而夜升兜率持念而窟寄修羅矣矧茲候濤寶海岸孤絶之所四方頂禮者得以其像轉相流布於無巳將九有皆化城咫尺具千二百由旬之聳何必鴿堂鹿苑金海露山而後爲淨土哉昔維摩詰於丈室現八萬獅子座猶有待也道子直於枯管中放大毫光歷刼運而不墜豈所云芥子攝須彌舉一大士而觀自在光世音觀世自在咸於此證眞如之不二乎奚怪善財徧參妙峯只是一箇妙峯也

謝泰宗同朱明府史殿元登候濤山觀石刻大士像

詩準國春深滿院花欣來仙客泛星槎心香一瓣傾葵日賴上三毛麗彩霞梵磬響時碑影動潮音欲上月光斜眞如變易何常相海岸孤懸卽舊家　百寶何時現頂光却從水墨變塗黃神幢風動蓮河影學士心燒錦繡香琴弄十吟龍亦定衣提千仭鳳歸岡諸天到處參神契出水鳬衣霞作裳

關帝像碑　立像爲宋馬遠筆馬像爲明戴文進筆亦被暎夷擊碎仍藏寺內

朱子書靜廉碑　石高尺許其書大楷左旁三字大如掌

朱子自署姓名舊在山上今藏謝氏問渠樓・

薛士學觀石刻靜廉字記邑中舊有朱子手書靜廉二字不知何年所鐫其書大楷石高尺許闊再倍之左旁三字大如掌朱子自署姓名也石亦不記何人所立大約出自宋元間明崇禎時御史梁視鹺來海上宴候濤山卽景賦詩一章而鄰邑令某方攝篆於茲月餘御史事竣過他邑登車以詩屬令名工刻石嵌寺壁中年來海風作雖爲霖雨所傾石仆寺階摩其背以水滌之則靜廉字也字畫尙宛然石質不甚

精無字處多斑駁予與謝瞻在兄弟對此慨然夫以
邑令之力求一新石鐫詩甚易當時是故家亭圃石
之來自太湖者又不乏也而以急於奉上官星火報
命如此此其心尚可使民人父老見哉予一日以此
語慈谿馮叔子叔子曰渠亦安知古人中有朱子則
安知石之所宜貴重而又何怪焉予嘗閱王敬美福
州鼓山記言歷險始陟其巔亟問晦庵先生所書天
風海濤乃刻一臥石上其楷法與白鹿洞前緜緜水
中者稍異因嘆自有宇宙即有此山而談勝事者以

爲先生書蹟所西莫不欣然願往士安可不自樹立
蓋昔人懷古之情固然而亦無時不以自愛也石今
藏瞻在齋中康熙辛未仲冬十八日記

第一山碑　在半山百步街

觀音洞壁書　明嘉靖己未都督盧鏜游道譚綸還補陀
寺於此石壁左勒六國來王處右勒平倭第一關萬
歷壬辰十月山陰朱賡與句餘邵陛明州沈一貫同
遊潮音洞題潮來山吼雲起天低大含內外浩無端
倪壯哉鬱極永鎮華夷二十四字鐫石嵌洞右石壁

上

隆慶御碑　明隆慶三年秋淫雨颶風大作海嘯潮水湧溢圮廬沈稼朝議遣官至定海祭告海神有諭祭碑在山上其文曰維隆慶三年十一月初四日皇帝遣巡撫都察院僉都御史谷中虛昭告於東海之神曰邇者水災異常殃及黎庶艮軫朕懷茲特遣官祭告惟神鑒佑永福邦民謹告

米萬鍾觀海賦碑　舊列殿階之左今亡

史大成重修寶陀寺碑　舊列殿階之左今亡

陳錦重修寶陀寺碑　刻於報功祠右壁

陳修鼎續修寶院寺碑　刻於報功祠右壁

君恩如海碑　明嘉靖丙辰總鎮俞大猷立

海天淸晏碑　明天啓二年督撫都御史蘓茂相立

撑半壁天碑　明天啓乙巳鎮浙都督山陰何斌臣立

擎天藿柱碑　明天啓丁卯鎮守浙江左都督瀛海郭欽立

天闢圖畫碑　明崇禎辛巳太子太保玉峯杜宏域立

海門砥柱碑　明崇禎辛巳御史熊奮渭立

日月光先到山河鞏固碑　武原馬孟驊立

亦普陀峯碑　國朝康熙乙卯孟春立

靈昭四海德被蒼生碑　總督長白玉德立

海天雄鎮碑　道光乙未巡道鄱陽周彥立

雜識

候濤山如戴髻環貢城堡爲河圖狀識者謂於山巔及竹山對建兩塔衛靈霄漢金塘三仙人峯屏列森秀則天啓圖書之麗而賢才輩出爲邦家光是有待而爲者

案舊志有縣境縣治威遠城三圖閩邸府志三

圖悉同惟威遠城圖二山深鐵兩塔對峙宣嘉

　靖後曾刱建而今圯與抑亦圖形以有待也

候濤山脉自北沿江繞於城南爲縣治之青龍最爲綿密

南門外居民千餘家以開碶斷其來脉總鎮張杰恐賊艘

入關接濟將千餘家房屋盡撤毀之以其石器修築砲臺

居民流離遷徙不堪狼狽

鄞樓异宋元豐進士知明州政和七年四月至郡依元豐

故事造畫船百柁置海口事備高麗使臣之用投賜鐵符

於招寶山海道以鎮之時有巨魚出迎長數丈鱗甲耀日

觀者駭愕又用賜錢造二乘舟錦帆朱鬣威耀若神因陵誇之

國朝全祖望招寶山鐵符志招寶山本名候濤山居民以其當海口商船所經百珍交集因以招寶名之或以爲因山下蚌珠者妄也相傳宋政和間沈鐵符山下按況逵豐惠廟記政和七年四月樓异造畫舫百舵置海口專備高麗使臣之用又造二乘舟錦帆朱鬣威耀若神投鐵符於招寶山之海中以鎮之時有巨魚出現長數丈鱗甲耀日觀者駭之然則當時

所製淩虛致遠淩飛順濟神舟之屬皆在是山下也其鐵符殆林靈素等之所爲道君方崇術士尚符瑞而巨魚之祥守臣以此迎合邀再任矣嗟乎病鄉井以博一官又造爲詭異誣惑耳目异之罪不足責特外夷貢使曾未幾至而燕山已塵起矣嗣君航海奔迸於金鰲背上鐵符能少效其靈邪埼頭犯駕之師否耶樓氏畫錦堂世譜特變其說以爲是時海潮坍溢民田乃以鐵符自山頂投之於海泛濫以定因以名縣是樓氏子孫自愧其廢潮給貢使之失而欲以

此掩之不知定海之得名在朱梁時又可見其子孫

之不學也已

自嘉靖間梅岑大士像遷奉威遠城中四方具香幣至者

絡繹不絕迨後海氛方靖普陀復興信士多東渡焉然漁

商輻輳之地進香答愿亦復不少至每歲二月十九日爲

大士誕期遠近士民無不走集由塘口至山頂望之如雲

名觀音會

謝泰宗觀音會士女雜沓詩前世灘頭笑馬郎誰知

身現自金光風幡未動心先動解行無方悟有方一

鉢淨名龕口厭千人寶蓋隻輪藏妙高幾個登臺者
只恐如來對面亡　四衆禪依風火輪青山鵠苑未
來身耳邊佛事羣堪作世外恒沙誰問律藕孔阿羅
藏亦幻楊枝功德灑成眞天花著體隨衣落那得空
門有許人

謝翺字臯羽閩人爲文天祥客宋亡嘗乘舟至鄞望海上
島無數其民多卉服過蛟門登候濤山被髮楚歌歌曰秋
風吹水龍上天龍女抱珠海底眠水花生雲起如葑神龍
下宿藕絲孔巨鰲贔屭鼉鼓隨赤魚鱗鬣陳旂旐海人見

此失摻網歸對妻兒月下紡自言移家來磧中十載秋風潮不上老夫一人語門前見此巳是開皇年歌罷輙復哭思夫子浮游居夷之義

傳思履江西南昌人御史應禎之弟萬歷間應禎以忤時宰謫戍定海衛思履從兄戍上讀書候濤山巳欲省其家翁别兄而歸

余寅送歸廬陵詩㭿㭿秋風木葉飛知君涕淚滿征衣扁舟又下西陵去兄在江東弟獨歸　紫芝眉宇我曾逢魚服眞看個是龍記得山僧頻說向讀書嘗

在候濤峯　幾登鰲柱俯江關黃鵠翩翩空太寰萬里不留雲一片送將雙目到三山　金雞消息未許眞無計相便慰老親但得南山無恙在不妨白髮滿頭新

朱守靖字泰明鎮海縣之崇邱人年十五即學導引胎息之法康熙丙子夏旱邑令唐鴻舉延至招寶山禱雨自五月初六日起至初十日亢陽如故令詢何以禳雨守靖定以十三日雨澤滂沱晚禾豐稔屆期果驗遂以名在丹臺榜之

鐵牌和尚不書名有云蜀人時持一鐵牌往來城市故名之或服僧衣或爲道裝暑月常服袈裟臘月浴於水崇禎間住招寶山之潮音洞有衣以新衣見貧者旋與之不少吝喜飲醋勅許一吸而盡士子問之曰爲僧何不誦經對曰爲儒何不讀書曰吾日誦數千書曰能行得一句否曰則浪遊街衢夜則歸宿山洞一夕坐化

道光二十一年㖼咭唎夷復犯定海提督余步雲帶兵防堵駐劉山上八月二十六日夷船直入大浹港用砲轟山余步雲退守郡城威遠城陷佔據至二十二年九月夷兵

自退二十五年辦理浙東沓後城垣寺宇彙案捐修

招寶山志卷下終

招寶山志卷下

蛟川陳景沛原稿

甬上周道遵修校

祠宇

寶陀禪寺　本在縣東大海中梅岑山唐大中間建宋元豐三年賜額寶陀明洪武二十年因懸海徙郡東之棲心寺改名補陀嘉靖三十六年總制胡宗憲又徙於招寶山威遠城四十年總鎮盧鏜又撤其故圓通寶殿構於山麓分爲兩寺慈人張謙爲之記鎮海縣志考舊

志山川仙人洞注云遷補陀於此改名觀音洞意即
所謂構殿山麓分爲兩寺者則當時疑別有補陀寺
今殿址及張記俱無考所存
咸遠城寺仍舊志寶陀名
萬歷四十年山巔寺燬
獨存大士像重建立西向天啓四年知縣顧宗孟修
國朝康熙五年總督趙廷臣重修十六年左都督
牟大寅又修四十四年燬於火僅存天王殿并大士
像乾隆間知縣馬文炳開捐重建嘉慶間寺僧本孝
巨清續修道光二十五年督辦浙東善後事務巡道
鹿澤長陳之驥募捐大修重塑佛像
案寺奉大士像薛魯叔記謂即唐時倭使所迎

之不肯去觀音非也寶慶志於鄞縣五臺開元寺云唐大中十三年日本僧慧諤禮五臺山至中臺精舍覩觀音像端雅願迎歸其國寺衆許之舁至此登舟重不可舉率同行賈客盡力舁之乃克勝及過昌國之梅岑山風濤大作舟人甚恐諤夜夢一胡僧謂之曰汝但安吾此山必令便風相送諤以告衆咸驚異相與誅茅縛室置其像而去即今之普陀因呼爲不肯去觀音其後開元僧道載復夢觀音欲歸此寺乃建殿迎而

奉之鄞人祈禱輒應亦號瑞應觀音韋絢騶登
吳矜皆有記自嘉定十三年寺火不肯去觀音
并碑記悉燬據此則不肯去觀音宋嘉定時已
燬而寶陀寺之遷於招寶山在明嘉靖間相隔
已二百餘年何得猶指大士像爲即不肯去觀
音是魯叔之誤也
明薛三省重修寶陀寺記邑之東隅屹然俯城而峙
者鰲柱山也其麓吞江而北齧海登望海天無際日
本諸域隱現可窺而普陀洛伽山若可憑葢王荊公

所題平倭第一關者也山往無城并無寺嘉靖末倭
寇海上而引倭盜汪直輩舟且瞰城守土者惴惴其
踞山而注矢石城中直立濆耳徼有天幸不數日解
去督府胡公乃謀築城山巔而名以威遠此城所自
始也時洛伽山普陀寺適燬於倭而大士像獨巍然
烈熖中此創唐時倭使所迎及蓮花洋而舟阻因供
奉於山世傳不肯去觀音是也當事者以爲神屬僧
眞海奉之内遷以延香火因虛普陀而空其山其慮
遠矣此寺所自創也寺故面江屏南山而遠負伏龍

山以爲展合形家法故數十年香火之盛遂壓普陀及萬歷壬子寺僧不戒於火而像復佹然存寺以更創而僧先中他議因更寺西向而溯江以爲勝如今制此寺所由改也蓋自山有城城有寺主者依寺構區室歲傾甲士百人爲守且憑大士之靈邑以亡恐然城初巉巖相錯易圮屢繕不能固邑以是役不無少苦頃之颶風淫雨間作城圮且半我顧侯心自念若於繕如往昔費殊省第歲勞百姓積之亦不貲不若一大修繕爲數十歲計顧無所得費則搜餘藏不

足則請商漁溢稅凡費銀四百有奇而計工凡二千
八百有奇皆官爲僱役不以煩百姓及城成百姓絕
不知工所從起與所由竟也已又捐俸廩之餘莊嚴
梵宇若大悲閣萬壽樓巍然巨麗壯一時之觀矣役
竣僧寂遠礱石謁余記侯功余維侯五年於定凡所
謂恤我而遺以休者皆足乘無疆此蓋其一徵已城
堅而後山之勢增勝山城壯而後邑城之輔增重倘
易所稱設險以守非耶則何以寺爲在易亦有之觀
於象曰聖人以神道設教夫聖人以人治而言神何

也人之道邇而顯能使天下親而不能使之尊神之道遠而微可以柔天下而使之親亦可以愚天下而使之尊聖人所不廢也今世所神莫神於大士其德悲憫而廣大其教秘密而圓通其靈章顯而責提是以德所尊度則以爲慈王教所尊化則以爲藥王靈所尊懾則以爲威王慈以亨世屯藥以開世迷而威又足以警世頑故聖人之治可以化中國而大士之教兼可以化遠人能使東倭傾心奉之踰海而乞靈又能使回心向之中國而易顯此其威神大矣若燬

而像不與俱燬夫焉知非大士示靈於鬱攸以殄滅此醜也其不肯去而肯來又烏知非大士憫四方蹈海者多淪胥之苦而濟以慈航也此其威神又徵矣頃自普陀復創內帑且賜藏經鎮之於是實繁有徒香積之廚幾爲盜資今之虜盜甚於倭而四方之皈依者又不絕虜瀕且虜剿矣大士入火不熱之身一徵再徵以顯靈彰異於茲山則指四方以鰲柱爲普陀而四方猶復以普陀爲普陀甘自淪苦海而以增東南之隱憂何愚而可憫也我顧侯深切赤而綢

繆之慮而又不滅大士慈憫之念故重險以設之守復因神以設之教其修寺而崇飾之若曰自古帝王之居猶謂非壯麗不足以示威而况梵宇乎是其指即繕城而增高廣之意要不失釁者創設之遠謀而非徒以佞佛也寺之落成則僧叙遠之勞爲多法併書

明沈一貫鰲柱山寺山記顧侯既增繕威遠城及梵宮爲司廣容僧徒而緇流覩往昔日就淪落叙遠而下不能數人侯慨然厰念此豈山獨而城孤寺復廻

高廣風散水盪地氣不聚使然何寺視昔爲盛僧徒則加衰也余謂是或然亦或不必盡然凡寺未有無積聚而能聚衆者也寺初無他儲惟仰食四方曩普陀廢則四方佞佛者咸皈依於茲山故施廣而積多今普陀復興當事者雖敕諸來朝普陀者毋涉海而衆不可禁則又屢敕猶之施也何必盡奪此以饜彼卽彼涉海者亦憖割二三施山寺而今終不行也是故香積儉而突時有寒烟僧無所得飽不餬口於四方則坐待淪落耳今若得腴田數十百畝佐之供使

僧無患枵腹或能以人事回地氣未可知也侯曰唯唯會邑有絶甲田向爲里遞所匿侯盡覈得之因以佐學之餘次第給諸荒寺而獨山寺則倍其數乃意猶不自慊由此區區者亦何足爲香積助夫亦姑爲倡耳余謂天下惟患無倡者不患無隨也三家之中聞其寂矣忽有以聲倡者而衆月屬和有以邇倡者而家且躡距蓋人情不鼓則不作從來若此故夫利倡則趨名倡則附義倡則赴昔有欲鑄錢而患銅不給者令僧設像僞若鑄佛而施錢數百緡以號於衆

自是銅口積而錢不勝繇役其假於術以爲倡而猶替是況設以誠心者乎夫施捨亦義之高而名之美者也以一邑之君設誠爲倡而下之以義自附願施名於後世者夫豈少哉即以此山是岨者石也前不有倡者後誰與塽高益崇而積成巍然煥然若此巨麗也今由所給候毋自少蓋惟少故後可爲繼聞月支國有鉢可容三十許石或以千萬花投之無有也凡貧人以少花投之鉢即滿此蓋誘人令爲可畏也夫使少者得投則投者衆合衆所投肅亦止千萬故

今之畎畝後日者焉知不連阡陌以極乎廣輪也僧寂遠開之嵩曰請勒之石以勸來

國朝史大成重修寶陀寺前記天下有山川之勝雖僻在一隅高曠可尋丈計而其力幾與岱華等其吾郡之招寶乎吾郡北瞰大海不五里而外長風巨浪浴日漫天使無招寶爲之柱石控扼門戶則郡治皆波濤矣然則招寶一山猶元老出綰鈐鑰爲社稷所寄賴疆圉所倚毘者乎按明志嘉靖間念普陀遠隔梅岑憫滋伏莽創寺於此用奉大士崇暈傑甍山雲

增勝實貢徒來瞻仰[illegible]蕭然歲月既久風雨飄侵材木瓦石之則剝敝壞桷漸就傾圮丙午冬總制趙公駐節山陬指揮萬里波臣稽首蛟龍弭伏諸島鷗泛永波不揚愛入茲寺顯然傷之顧謂文武各僚曰凡名勝之地輙建梵宮不過爲僧人焚修計耳好事者捐集輸材葺理用資淨業若此山者浙東門戶寺冠其上足以鎮邊威遠揚國聲靈祭何棄勿治因以捐俸庀材修治丹漆俾無廢舊觀命絫戎董其役閱月工告竣士民駢臻煥然創立孫絫戎乞余文記之余

思趙公爲國元老勳在旂常旦夕入履乘石舟楫霖
雨則烈之名應並岱華不朽其何有此山況此寺乎
粲戎曰公之捐俸重修此寺也非特爲此寺也蓋公
之治浙也猶視此寺也欹者植之朽者去之漫滅者
文飾之隱蠹不勝任者釐剔而易置之公其即此寺
以厲僚屬乎公之於人也猶大士也覺悟者憐覆之
愚昧者開導之能持名戒者示度之甚有沉迷而不
能悔過者猶警醒而剔革之公之慈悲廣大如此而
尚且抑然不自居也若曰　朝廷之慈悲廣大也公

其借大士而求遠近以朝廷之慈悲廣大乎余聞斯言不覺手加額曰足以記矣公經此山不伐而伐不華而華他日獻雉之使道由山下百拜瞻禮曰

天子有道大吏得人與備飭而藩籬固享闕鉅細蔑不脩舉即此寺可知矣公名廷臣號君隣

史大成重修寶陀寺後記康熙十六年夏四月都督牟公重修招寶山寶陀寺成以書來屬余爲記余觀招寶山傑立於定海縣城之東與竹山對峙相去不一里爲潮汐出入所經崩濤激湍雷轟電轉所謂大

洨江是也東南瀕海之郡皆有水道以通舟楫於海然多浩渺遼闊莫可究詰惟大洨江兩山迫束舟不得並帆銜尾而過猶惴惴然洞心駭目蓋天造地設以爲吾郡之門戶前明嘉靖時倭寇擾攘盧總戎鏜請副憲綸始築城於山巔名之曰威遠城而胡總制宗憲又徙梅岑寶陀寺於其中此寺之所緣起也崇階邃殿傑閣飛甍蔚爲巨觀登而望之其南玉環烏沙普陀諸山如浴鳧浮鷗滅沒於洪波駭浪中而台溫往來之程指顧可得其北一望陳錢壁下爲江浙

分界蕉松沿海諸郡可以一帆飛渡其東則岑江螺峰園昔時駐兵之所用以控扼海道其西循龍山澤山之麓迆邐而轉可達杭越聲息甚捷巍一寺之中四顧蒼茫而歷歷形勝已在指掌中他如旭日初升波濤盡赤饕風閙作蛟龍盡鳴抒達士之壯懷供詞人之吟咏又不待言矣顧歲久弗葺風雨侵蝕丹青漶滅公鎮定海之明年隣氣既靖海不揚波乃以其暇葺而新之不踰時而工就余思是舉也豈徼福於大雄氏哉以招寶為郡境之咽喉而寶陀又招寶

之冠冕使不崇麗煒煌無以表茲土之勝令觀者有所棲息且時與將佐循欄憑眺則瞭望之遠近控制之疏密運籌決策一覽而得此安不忘危之意也昔東魏時滄洲與遼接壤李允則從浮圖北原上見三十里而敵人不知爲望樓也公之意得無類是乎余因樂書之俾寺僧刻石以示將來公諱大寅字洪開施州衛人

國朝陳修鼎續修寶陀寺記西方有聖人焉其名曰佛佛聖之慈者也能使天下不仁之人望而自發其

天良往往有巨奸大盜恃負嵎之險罔知所忌而無不見佛而知敬者蓋其慈悲之教有以動其惻隱之心於不覺也以故山川險隘之區盜賊覬覦之地莫不設寺供奉擇僧居住令殿宇之巍峩香烟之繚繞歷久遠而弗替邑東郊之有寶陀寺爲寶山設也寶山峙立於城東隅南吞江北咽海遠望日本諸域隱隱可窺固六邑之咽喉全浙之關鍵而爲商船出入之要道也唐宋以來建寺於山明嘉靖間自南海普陀遷供大士聖像於此寺築城山巓名以威遠山寺

之改觀蓋自有明始矣迨至我　朝萬國來王八荒
賓服海無揚波之患盜鮮竊起之憂沿海居民樂安
其業此固王化廣被使然而亦未始非神力有以助
之也然則世之尊大士誠以德足亨世化教足開世
迷威足警世頑王靈由是顯赫庶類由是傾心而爲
茲山之保障者所係豈淺鮮哉予考邑志見各憲重
修間有碑記其未及記載者頗多康熙年間寺燬而
大士之像獨存至乾隆時邑主馬公開捐重建氣象
復爲之一新顧其時僅有觀音大殿若望海樓兩翼

廂樓左右平房以及重新維漢堂創建天主殿至於
點綴山亭鋪砌山路添設石欄階級凡各商紳士捐
金樂助則前寺僧本孝巨清二人之力今理融和尚
又復增置種種現訪名勝者見山城聳固佛像莊嚴
人人稱鉅觀焉而碑記未之詳載其徒超然欲勒石
誌勝補前人所未載甚盛意也余故樂而爲之記
明劉孟維候濤山洛伽寺詩晴色松林麓招提倚大
江潮翻蛟水闊影落虎山降艳岸孤懸月遥峯靜拂
窗燈花依磬結夕鳥渡雙雙○薛三才宿普陀禪寺

鰲柱峯高接素秋山烟漠漠水悠悠鐘聲夜渡江風
轉龕影寒分海月流萬里滄桑悲世事五更鼓角起
邊愁空牀徙倚難成寐獨步蒼苔看斗牛○薛三省
招寶山禮佛晚歸晨起參禪上碧岑歸來滿路散輕
陰蛟川龍臥濤偏壯鰲柱雲歸寺倏沈不夜驪珠欺
月色無風鼉窟駭潮音分明幻相須臾變却向空時
了此心
國朝王蓂登招寶山禮寶陀寺四明山勢多綿延東
來入海方迴旋千靈萬壑可招得浪花雲影騰青蓮

前秋我自三秦涖海國揚旌慚重寄撫夷擊楫達舟山此寺曾經三五年萬丈珠光腳底來如嬉逢島變雲雷氣吞九點揮八表紅霞直接金銀臺寺門寂歷苔花紫圓花蘚瀞三千指要與西方作主人布金喜合同儕美今年瀾汗生塵氣登山揮羽臨三軍奏功憑仗神佛力大千一息能銘勲古寺重教生面改如輪如奐飛瓔彩波擀連山到補陀慈航利濟千秋在疇昔振衣登華峯黃河浩浩開塵胸手掬頭盆玉女水洗明雙眼凌天風卽今觀海渺無極已把靈機收

拾畢只有輪囷報國心還來此地常籌筆○克什訥
禮招寶山寶陀寺琳宮重煥碧山岑東枕滄流萬里
深踐洄魚龍馴海寺迴櫓星斗落旆林雞鳴島嶼潮
聲急日浴扶桑曉氣侵憶昔蛟門占利涉菩提明鏡
照葵心　貴琛重譯泛艨艟波鏡平分瀲灩風千載
常明山岝崿六時花雨晝溟濛諸天呼吸烟霞外初
地登臨轍掌中頫假和甘憑佛力濟川頻訊梵王宮

天王殿

羅漢殿

報功祠　凡三間左間祀明太子太保總督胡宗憲都督同知總兵俞大猷太子少保左都督戚繼光巡視海道副使譚綸郡守沈愷右間祀明都督盧鏜　國朝浙江提督壯烈伯李長庚

案胡盧譚沈四公本有專祠分建於威遠城內傾圮之後遂祔祠於天王殿左右地湫座隘徒形穢褻嘉慶間洋匪蔡牽滋事爰塑李公像張弓挾矢與天狗像對立天燈臺牆壁間一似以射厭勝者更屬侮慢道光二十五年辦理招寶

山難後工程酌改邑令王維同所建碑亭祠祀

五公井撿祀俞公大猷專祠在鎮遠門內鄭考功王事豐道生爲記

戚公繼光額曰報功祠庶幾得昭誠意也

明張時徹平倭碑記皇帝臨御之三十一載歲在壬子倭冠越境肆掠郡邑大騷當事者狃於恬嬉按兵觀望莫有發一矢以捍賊壓者皇帝赫怒爰命元戎秉鉞虎符四發材官雲馳亦罔克鷹揚澌滌妖氛失律喪師坐吏議而齒劍者踵相接也皇帝曰洛是大辱國何以師爲盍擇才御史夙著風猷者往監督之

其可梅林胡公實來選徒簡將率先戎行兵威丕振
數以膚功上奏闕下皇帝嘉悅屢綍綸音錫之爵命
不二年而進巡撫與總督公感非常之遇厲匪躬之
衷揮金募士設畫宜奇蓋無日不討於軍實往往披
甲戴鍪決生死於鋒鏑之間戮其左次與不用命者
於是三軍震勵人百其勇有乍浦之捷有龕山之捷
有仙居之捷有王江涇之捷有沈家莊之捷有桐橋
之捷有舟山之捷其餘逐北追奔竊搜而掩擊者不
可勝計賊益望風褫魄乃歲丁巳叛人汪直挾諸倭

酋以來佯言欵關以要互市包藏禍心伺我備弛逞
其毒焰公預洞隱伏因其間而用之陽示羈縻陰遣
里中素所善厚者誘而致之麾下納於閫棘疏請躬
提師旅盡殲餘孽賊既失桀魁計出無何乃遯入岑
江幸緩須臾無死岑江固山海奧區也天塹凌空叢
篝蔽日我兵環而圖之水連艨艟陸伏貔虎盡絕其
薪聚之路於時又有他寇糾聚死黨虎瞰鴟張航海
來援氣吞溟渤公曰賊鋒甚銳不可遡也逮其未合
而誘之此成擒耳乃使間諜紿之曰直方互市若等

亦有所剩乎賊疑僧未定遽以偏師襲之一殲之於
普陀再殲之於宋家尖無一人得脫者賊用大怖悉
火其輜重潛徙於白泉盡聚榛莽斷塞蹊徑日謀治
師以逸無復退志乃挑選精銳分爲數隊迭出而肆
之賊困不得休饑不得食相枕席以死其餘孽未盡
者乘濤夜遁諸將奉公夙戒伏兵四集追而擊之斬
馘若干俘獲若干海波澄清疆境寧謐纛布星馳捷
書上報道路歡呼曰庶幾復見天日矣縉紳士大夫
交相慶勞歌頌興焉某辱公知愛覩此盛美不啻身

親爲之爰矢厥詞用章大伐公自戊午三月視師海
上迄十有一月乃罷而定海實惟駐節之所維時巡
海副使譚君綸郡守周君希哲命邑令陳紀陳正道
勒石招寶之巔以詔於永永其詞曰皇祖開基九服
咸熙放牛歸馬守在邊陲十聖繼統風恬物嬉外國
來賓惟德用綏氐我羌國貢有常期物大蠢作防久
斯隳蠢茲狡寇擾我東隅神州鼎沸羽檄雲馳帝命
中丞仗鉞視師臨軒推轂假爾便宜翼翼中丞奮揚
武威胸中甲兵百萬熊貔宣奇決勝迅若風雷屢殲

鯨鱷京觀封尸殊方震疊反側懷疑直爲叛首稱欵
來歸要我互市乞我璽書滔天大憝匿於甘辭電燭
其奸多方羈縻誘以間諜餌以金緋致之轅門縶之
牢之餘孽未靖阻險海岡岑江既破白泉是逋如魚
在釜喘息斯須礪我戈矛簡我車徒分番捲擊馘將
搴旗羣醜褫魄獸駭禽飛乘濤夜遁偷活庶幾號令
孔嚴伏兵四馳犄角窮追靡有孑遺海波不揚妖氣
悉除農歌於野商謠於途孰蕩荆榛靖我郊衢孰施
乳哺鞠我孩雛乃室乃家以耕以漁垣墉屹屹岳瀆

輝輝誰爲此者御史大夫皇皇神武赫赫廟謨社稷之衛天子是毗光輔中興周虎商伊帝曰汝嘉錫爵分珪太史作頌勒於鼎彝

明豐道生俞公祠記

盧江俞公大猷字志輔始來自霍邱五世祖敏從高皇帝集大統授泉州衛前所百戶四傳至愛松公瓚皆世襲焉愛松生公治易充泉州府學弟子員試輒高等人以文魁擎之愛松公卒公白諸有司請以官讓其弟得專志於文學不可則如京師受職歸嘉靖甲午魁武舉乙未會試亦魁進

千戶視師於金門金門號難治公以愷悌公廉御之教士卒以荊楚劍法帥其子弟誦習經禮金門大治戊戌秋臬司徵公討賊擒其酋楊志新等二百三十二人癸卯秋內牧兵部尚書毛公伯溫薦之詔公禦秋於木蓮港斬首甚衆明年進指揮僉事以都指揮體統守備汀漳丁未擒海寇康老斬首二百八十有二是歲秋擒流賊雷士賢等九十餘人又擒流賊湯信四等百七十人事聞進廣東都司署都指揮僉事戊申冬擒新興賊譚青蛇藕青竹等五十餘人十二

月遷福建都司廣人請於都御史乞還之奏上明年
遷廣東守欽廉夏南彝平秋安南叛賊至公帥水陸
兵敗之於白勒港絕其道俘溺無算尋自龍門追及
於萬寧擒其酋范子儀范子流范廷貞等斬首千二
百餘級庚戌黎寇作公帥帥徂征擒其首符門欽等
斬首五千二百餘級遂平黎三月進右參將守瓊州
當是時鄞欽亡命入海搆倭官兵亟戰不利兵部侍
郎張公時徹薦公移鎮於浙而寧紹台溫隸焉公督
水陸兵擊烈港蕻善伏者潛從背遏其巢穴火夜起

賊輜重焚燬大潰次於馬蹟颶風晝晦羣蛟盪舟公恬不爲動旣而曰雖天變亦舟人弗力斬二人以殉軍始知有紀律皆懼而思奮俄而倭攻昌國公帥舟師赴之戰於石浦扁礁頭玉屏海門松門十有八合擒斬四千溺者萬計餘賊百餘人轉補陀洛伽山據之公集兵圍之夜縱火或曰恤首功公曰靖民而已首功何爲者遂火賊殲焉是月諜言溫州有賊公復帥舟師追之賊走紹興抵柯橋四面皆水官壁舟賊將涵以攻城與史與成器覺而拒之公不睬曰吾心

動賊其至乎將數卒操一舟覘之賊方持戎器急公手戈踣一人賊衆駭亂急擊殪之丙辰進副總兵提督金山時賊將趙習都公督永順等兵於乙卯之夏五戰於平望王江涇秋母亭六舍壩英德湖斬首千餘秋七戰於大赤海洋柘林陶宅青村周浦內地斬首千餘冬三戰於川沙窪吳淞寶山斬首百七十盡沈其舟丙辰賊徐海以倭犯桐鄉谿進公都督僉事直隸浙江總兵佐總督胡公宗憲救桐鄉胡公密謀於公使諭徐海解圍而授之朱旗俾出海公豫以舟

師伏於海胡公獲徐輾之於沈莊倭數千揚朱旗出海公伏起無一脫者自夏及秋五戰於寶山高家嘴平洋沙吳淞劉家河遣小舟覘賊數里舉火相屬追及於洋山茶山凡斬首千五百溺者亦無算留都安舟山者定海之塞也賊據山且踰歲十有二日公圖於副使方劑王公授畧於指揮張四維帥麻陽兵攻之壁益堅夜使人持死豚投其壁狗羣吠夷驚起繼兵擊且焚殆盡擒百四十獻於胡公斬之其民廬舍田屋舍妻孥晏然復矣於是浙雖公都督同知兼兵

開府定海定海之士民曰微公吾墮乎相與雄壞構穴而尸祝之道生開而笑曰公之惪直定海而已乎賊謀以金陵爲市公抗討議貝錦孔殷稍懾於身謀大事且不測故闢邪說以立紀亦難矣卒踐其言卓然成績難乎難哉其議論詩詞文多不載

明張時徽譚公祠記天下之患莫大乎倖視不慮而操執恒算者不與焉故入虎穴而擁兵涉江河而腰瓠此其事易明而其難易弭也乃若河崩於蟻穴而火灼於突薪卽才勇鮮不困已噫乎非神智孰能辨

此者乎東南倭寇之患起於積弛是河崩而火灼者
也當是時羽書飈馳烽燧電掣材官技擊遍徵於九
域而失律喪師者踵相接也天子憂之博咨才碩以
任驅馳而梅林胡公實專節鉞時則有若巡海副使
譚公綸文武兼資有若都督同知盧公鏜夙嫺韜畧
國三軍之貔虎而海徼之長城也挾同仇之義入則
紓籌帷幄出則率先戎行旌麾所指折醜若遺馳露
布而奏膚功者蓋未可一二數也已而相與議曰夫
弧矢威暴金湯設險古先聖王豈其棄德而逞志於

武哉捍鋒於未整戒禦於未濡誠知保太平遏亂畧非此其道無由也又况豨奔狼突擾擾不寧者哉今夫定海瀕壖要阨蕃鯨鯢之國而烽燧之交也拊竇貫奠其樞則江海之咽喉而郡治之門戶也去縣城百武而近賊如登而據其上飛砲其下則縣城睥睨碎耳即寇船尾啣而入亦何以制之語有之曰百丈之山而跛牂得遊其上五丈之城而樓季不敢犯也誠爲戰守計者宜莫如城招寶便乃以其意裁於胡公公輒報諾卜日鳩工塹隆培圮開鑿山道二百餘

丈爲雉堞一百六十七爲東西門二上搆樓櫓爲海
神祠下爲戍屋四十餘楹爲架放發貢廠二力取於
軍隙財取於漁稅而經營蕆則盧公實肩之工始於
庚申春凡三閱月而告成屯戍卒其中扼海口以壓
敵衝與縣城叅脣齒犄也其外益兵營布戰艦諸威
敵物器靡不畢具城人鄙烏舉不能度也於是文武
吏士歡欣鼓舞以爲更生之賜乃爲祠以祀胡公已
復爲祠祀譚盧二公翬飛鳥革烟霞出沒於甍棟波
濤翔舞於檐楹眞世所謂瑤臺貝闕也縣尹何君愈

身保障之責戴芘翼之功而始終宣力爲多乃又屬
予文以章鴻伐則應曰斯役也余蓋數贊其事云何
則圃之郤雞豚也不恃童奴之瓦礫而恃樸樕之界
樊家之御猛獸也不在操戈負弩而在四周之屏故
苞桑繫泰復隍成否此其道則然耳濱海之區其爲
要害也多矣國初建設整堡調兵置戍蓋種種悉也
承平日久積以玩愒率廢棄不講矣始議所漏者又
莫有出一算籌之卽籌也亦莫之爲理諸阨塞便利
賊皆得覘而據之而我輩風喪氣奪皇驅儳卒以嘗

銳鋒庸能格乎故賊小入也我則小衂大入則大衂
非惟擊鬬之不力亦其所乘之勢然也乃如采濤港
如川沙窪如劉家河如舟山如岑江如柯梅諸所若
先賊未入扼險置戍賊惡得據爲巢穴至壓大家久
而不克乎然彼猶守在藩籬也招寶則門戶矣無招
寶則無縣無縣則無郡而可弗亟乎茲城也狄寇寢
謀氓黎安堵功德於吾民至宏遠矣兵志曰上兵伐
謀又曰善師者不戰其三君子之謂乎祠而祀之夫
誰曰不宜巳而巡海副使劉公應箕繼至閱武犒士

升高縱覽謂盧公曰扼險樹防策之上者乎余與公
嘗圖所未竟矣乃系以詞曰赫赫王化靡逖不流薄
海內外控如綴旒蠢茲醜類不令為讐燔我積聚敗
我來甦圉掠貨貝是任是舟華都麗宅榭為墟邱皇
帝赫怒簡茲壯猷矯矯虎臣公侯好仇乃膺推轂秉
鉞紆籌矯乃弓矢礪乃戈矛既折其醜復執其酋膚
公載奏皇是用褒帝曰勞止臣曰罔休維茲招賚維
郡咽喉曷扼之吭曷伐之謀乃城乃堞金湯是倬威
彼不遑僚萬貔貅鮮我遺育忭舞道刪撫我黔赤藝

我田疇伊誰之賜廟謨孔修二三元戎是度是鳩無患不燭無言不酬新宮奕奕介轡悠悠何以報之乃黍乃羞何以戴之百千斯秋

明張時徹重修沈公祠記招寶山故有太守雲間沈公祠云以兵興毀已而倭患殄滅海宇寧晏侶黎報功乃祠胡介公乃祠譚海道公踰數年乃今都督劉公顯用鄉之縉紳先生及長老諸生議復祠沈公祠既成少司馬范公欽憲府錢公嶂別駕包君大魁參軍包君大中郡縣諸學生盧子叔麟沈子明臣十數

龍儼然造焉丐余文碑之謂余嘗主復祠議且知公治狀甚悉余雖不文所以復祠之議不可不使之章白於世故不讓而爲之碑曰余於沈公之守寧也有餘思焉其去寧垂二十餘稔謳歌於五邑者猶一日玆詎可以倖徼乎其祠於寧者三蓋皆報當時覆露之德也惟茲寶山之祠則尤不可已何則昔霍氏之謀漢也當其事未發時有茂陵徐生上書言之宜少抑制帝不以爲然後其勢漸逼其謀漸著然後力起而誅之乃大封拜其告奸者而前所上書茂陵生不

與焉故人有爲諺以聞者曰焦頭爛額爲上客曲突徙薪無恩澤乃始求上書徐生賞之事故有然者而今茲舉也得無似乎當嘉靖壬寅癸卯之間漳閩之人與番船奸商貿販方物往來絡繹於海上其時邊氓蓄亦有奸闌出入者公方爲厲禁犯即置法律無遺誅矣適武人有欲倖功者以虛聲鼓上聽當塗柄兵之人亦皆好爲生事輒議兵勦焉公獨變形於色上議沮之其畧曰海上之患方以番船爲甚然其所欲不過與地方人負販貿易務違禁網物取息幣耳

自憕任事來鬬死刑軍徒者不下百數十人今亦稍稍輯矣然通番非盡從逆之人番貨非即殺人之物通番下海雖在不原各有定律要亦未應盡誅也今亦不問所從來概各曰賊遽爾兵之恐非所以協議安衆也夫六月行師兵家所忌師出無名事故不成今海上船止六七遽興大衆即發軍衛巡司義勇漁船盡民以逞萬一無良竊發嘯聚山谷又不知何以應之況海船非我敵明甚我衛所哨船要皆貪生畏死之人綿力薄材不諳戰鬬往歲倭寇再至徵兵應

訓逗留不進諸號爲統領率皆立馬股慄愷出死力調度幸而散去且軍衛世受國家豢養顧不能奮一旦之力有事悉委之義勇漁船夫義勇乃市井之徒漁船皆網罟之輩平日既無廉於君又無忠信之結一旦驅之死地其能不舍舟而走者幾希且海船利於水戰步騎利於陸陣此不待智者而後明也譬之飛蜂有毒來則撲之入其巢而擾之無乃甚辛螫之禍乎且其懸隔海島豈能飛渡橫行爲今之計合無明示憲諭道之禍福速之出境上也其次莫若督出

海官兵於關津要隘之地嚴爲防守不得登岸地方姦販之徒不得下海則糧盡計窮自然遠出如有探知來歷陽爲防禦陰與交結故縱者依律治之則愼重而威不褻令行而民不擾矣愷職司民社恐平居無故緣兵以死萬一差跌則損國之威示人以怯彼將肆然無忌厲階自此長矣愷不斂不敢不冒死言之其官軍果有能出奇定畫不費府錢不擾郡民生擒於海衞立雋功此又未嘗以常格論者議上當事者不聽遂出師衆果大潰海道公僅以身免其後番

舶如汪直陳四盼許二龍𣏌霧及坐集舟直入定海

關要索酒米牛豕諸物貨而有司一不應𣏌大譁不

已恭不三四年而東南之禍起矣使當時用公議不

輕出兵以挑之惟一意修內治彼必畏讋不敢動豈

能盡知我虛實肆然無忌如入無人境耶乃今祠胡

令公矣祠譚海道矣㷊焦爛之功靡弗酬也而曲突

徙薪之策公實有焉茂陵徐生之賞可後乎不可後

乎禮曰先王之制祀也法施於人則祀之若沈公者

謂非法施於人否耶祠在譚公之後而胡祠又後數

十武祠之費實出劉將軍別駕方君藻以視篆定邑與有力焉定尹魏君尚大適至共落成之系之詩曰

寶山崔巍殿大邦海㘭之東瞰扶桑飛甍雲矗三公堂前謂後胡公中央公來刺明二紀施德星垂耀流耿光海氣昔起自微芒我公炳幾灼先防黑風顛懆吹欃槍武人徼功弧矢張公乃奮筆騰書昌上議不聽尸横鼉鯨鯢從兹恣跳梁東南血染山河長天子赫怒川譚揚波寧海定烟銷狼公首得用無死亡公言不用罹禍殃追公祠公獻蘋嘗顧公鴻名垂大荒

廟謨國祚永無疆千秋萬禩貢越震公祠奕奕海泱泱三公騎龍共翺翔

明翁大立盧公祠記都督北山盧公樹勳海上五十餘年矣公以年踰七十請老於朝上方以趙充國馬伏波注公未允所請而濱海士民恐公一旦懸車亟謀肖公貌爲祠尸祝於是定海令何君愈以士民之意來請予文予與公共事數年熟知公者莫予爲稔乃何君則曰公以鎭守總兵開府定海視招寶屹立東隅襟江帶海爲明越外戶誠壁壘其上建牙耀兵

則舟山烈港馬蹟長塗諸山碁置星羅發兵遊徼指
顧間耳遂纍石爲城署其名曰威遠其下爲轅門又
卽並海竺山各鑄火器若干座而以戰艦布海上表
襄數重經署規摹偉哉遠矣用是倭奴震恐無敢窺
我明越今年突南洋者公又督兵邀之斬馘數百級
時方倚公長城而公忽言去故有是舉予曰君所謂
知其一未知其二夫將者以正設險以奇料敵國初
制禦島夷宣威海徼惟湯信國善用正劉廣寧善用
奇公兼有之是以海外諸夷憚公威名已非一日今

君所言正也以予所睹記又何其奇哉昔歲甲寅渠魁蕭顯據巢上海我兵遇之輒北予時以參政督儲蘇松請公援急公部兵千人補爲七哨以善伏者持火入巢中公麾前哨稍卻賊意公怯空巢嚮公轉顧間巢中火起賊狼狽失據徜徉壖遁去追斬數千級勸兵還城予盛陳金帛牛酒犒師公以次頒賞被創者揮涕吮之衆益感奮予乃促公追賊公曰未也賊創其必日行數百里我兵躡之道不得食是兩斃也彼見我兵不追當入蔡港空壘中苟延殘息我間道

襲之瓮中魚耳言訖忽縛百夫長一人前跪數之曰爾違令不前罪當死即斬首以殉衆股栗已而諜者果如公言公至蔡港架飛橋瞰壘中賊併力向我我兵已擁其背因壘上矣賊大創衂猶有遺俘奔衙寺廿里亭公度賊饑甚遣人詐為亭長炊飯酌酒輙先嘗以餌之賊果酣臥夜乃縱火悉從殄滅歲丙辰有賊數千百掠慈谿突咸池滙將窺我姚江矣兵憲許君就予問計予乃致書於公公果選諳夷語者數十人被服作倭奴狀操瀕船持鳥銃而來令許君盛陳

兵西涉紿倭奴曰官兵甚銳我雖得舟無能濟也出
没萑葦間以銃掩擊賊啞啞道死者甚衆猶以爲詐
君飛擊之不虞爲盧公也卽日驅出海公已伏兵五
峙洋中俘斬殆盡歲丁巳叛酋汪直引倭奴千餘突
入岑港求互市遠近洶洶總督梅林胡公檄公問計
公乃親詣賊所謬爲推誠先給其假子毛烈輸款軍
門胡公亦如計延見檄前哨以重利遣烈還報直直
果束身而至遂成擒東南禍本自茲剪拔以斯三事
觀之奇矣又聞公雙嶼港王江涇金塘山白水洋三

爿沙等處俘斬大捷其事尤奇他如初傳鳥銃以爲中國之長技創設乍浦兵船以爲浙西之雄鎮尤爲萬世不朽之功嗟乎公身經數百戰前後俘斬萬餘海上之勳無踰公者昔信國封公廣寧封伯朝廷今以兩者待公公胡遽言去也公名鏜別號北山以處州衛指揮起家其子相有父風臨陣身先士卒嘗擒賊酋辛五郎以功授處州衛世襲指揮僉事尋擢儀眞守備父子一時豐功偉烈照耀海內亦古今之所難得者與